埋火《うずみび》

ひとりこっくりさん

本書を参考に降霊術（ひとりこっくりさん）を執《と》り行い、いかなる結果がもたらされても、出版社ならびに著者は一切の責任を負いかねますので、あらかじめご了承ください。

目次

京明流降霊術

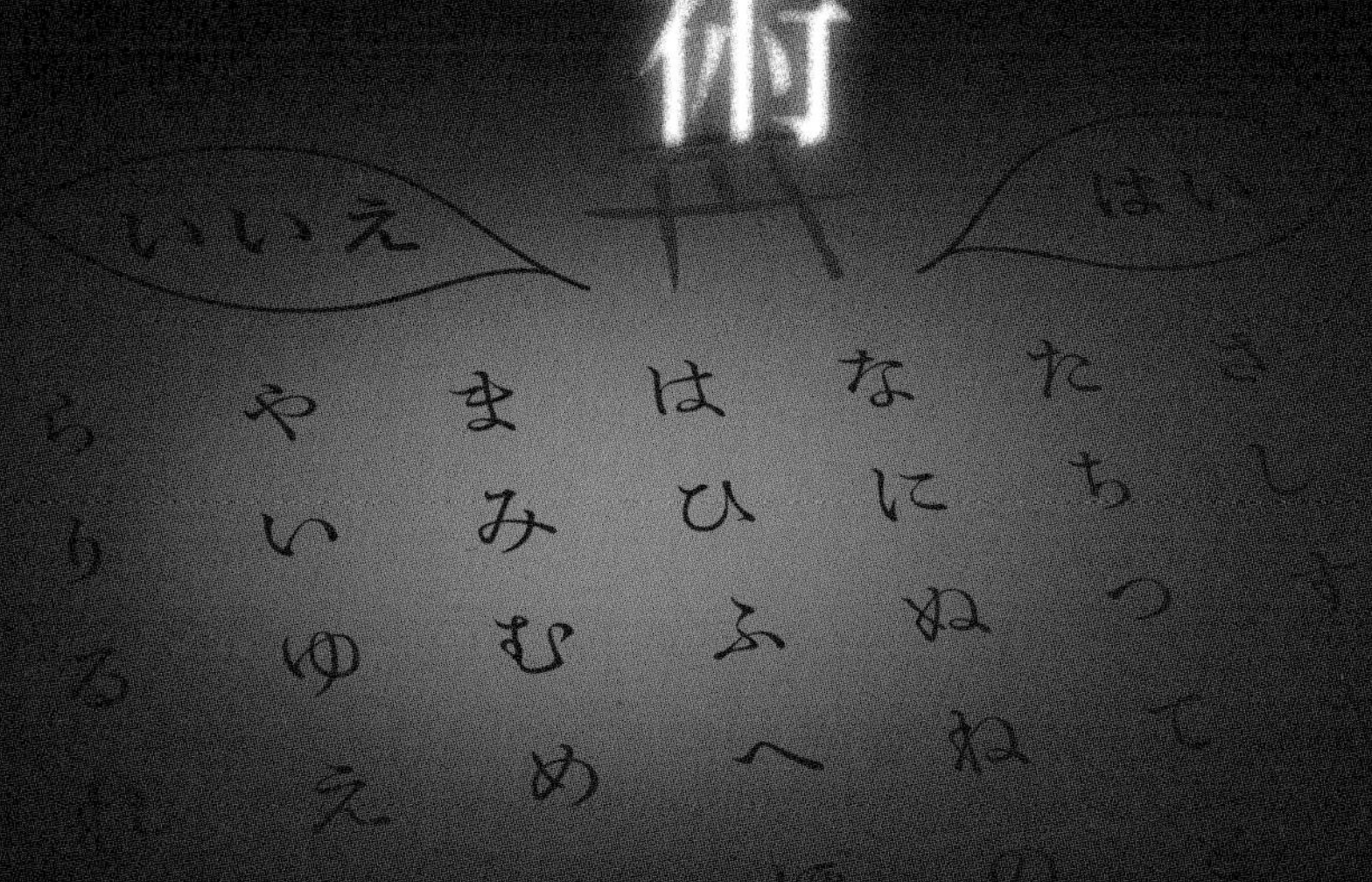

京明流降霊術、秘伝解禁の秘話

いつものように、私の事務所に取材に来ていたライターの水島圭吾さんに、こんなことを聞かれました。

「ところで京明先生、『降霊術』って誰にでもできるものですか?」

私は「またその話ですか……」と思いつつも、その理由を尋ねてみました。

すると彼は「先生は霊能力で霊と会話や対話、意思疎通が図れて、おまけに見ることができますよね。先生とお会いしたときから思いました。すごいな、憧れるなって。でも、ひょっとしたら、そんな力が無い私であっても何らかの方式で、それができるんじゃないかと思いまして。それで少し調べると『降霊術』という存在を知りました。

昔、流行《はや》った『狐狗狸《こっくり》さん』とか『ウィジャボード』とか『霊界通信』とかもこのジャンルですよね。それで、この術は今でも残っているのですか?」とかなり熱を入れて語ったのです。

水島さんの話はこれで何度目だろうか。どうやら、水島さんは本当に降霊術を知りたいのだなと思いました。

私にとっては普段から「当たり前」の存在である「霊」ですが、たしかに、普通の方にとっては縁遠い、本当にいるのかどうかもわからない、その確認の仕方もわからないものです。ただその一方で、「霊と対話したい」と願う方が多いのも事実。水島さんのように。

水島さんには以前お話ししたのですが、私はこれまで4件の刑事事件を解決してきました。ただ、そのうちの1件はかなり難問で、どうしても被害者の霊が現れてくれませんでした。そこで、この（水島さんがしつこいぐらいに尋ねてきた）降霊術を使って霊を呼び出し、事件を解決に導いたのです。まさか、その降霊術を世に出すことになるとは、と自分でも驚いています。秘儀秘伝を解禁するのは、きっとこういうタイミングなんだろうと直観的にわかりました。

私は少しだけ間を置き、それから「ええ、ありますよ。そして、これは特別な力は必要ありません」と答えました。

彼は「え！　本当ですか!?　それ、教えてください！」と目を輝かせて言いました。

私は「はい」と微笑《ほほえ》みました。こうして、京明流降霊術が日の目を見ることになったのです。

「霊能力（霊力）」について

さて、その前に、いわゆる「霊能力（霊力）」についてお話ししたいと思います。

私は、霊能力には大きく分けて三段階あると見ています。

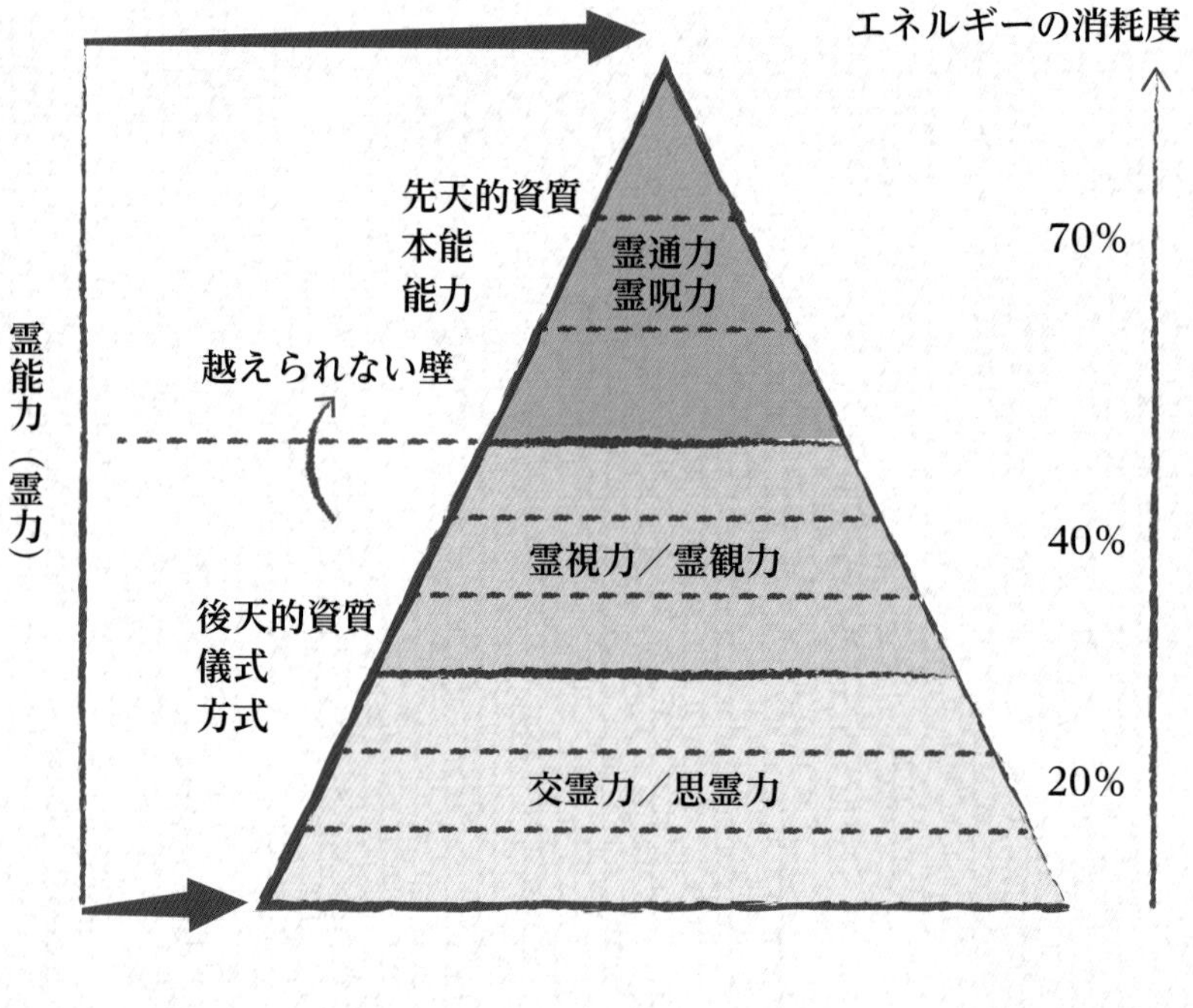

一つは霊が思ったことが伝わる力です。

「交霊力」または「思霊力」といいます。

青森のイタコや自動書記または自動談話、降霊術、憑依・憑霊、霊媒《れいばい》（メディウム）、さらには自己催眠などがそうです。これはあくまでも霊が一方的に伝えるもので、かつ、何らかの媒介を要するものですから、そのまま受け取るとこんがらがってしまうかもしれません。

これが、最初の段階です。

次に、頭に映像が浮かぶようになる力です。

「霊視力」ないしは「霊観力」と呼びます。

ＦＢＩ調査官とか、霊視（クレアボイアンス）や霊聴（クリアオウディエンス）、透視などです。映像は静止画のときもあれば動画のときもあります。夢で見ることもこの力です。人によっては五感で感ずることもあります。超感覚的知覚、ＥＳＰともいいます。交霊力と比べて画像や音声、感覚など情報が高まっています。

そして最後が霊と会話する力です。

「霊通力」や「霊呪力」といいます。直接談話（ダイレクトボイス）です。これは、１対多数、1対1、遠くに居ても会話できますし、霊からの直接の声が聞こえる能力なのです。

ただし、この力がある人はほんの一握りです。

下から二段階目までは修行でなんとかなるかもしれませんが、この最上段までたどりつくには、持って生まれた才能や素質がものをいいます。


そしてこの三つを総合して、「霊力」というのです。

自分がどの力や術式をもってどのように霊と接しているのか、それを誤ると、いわゆる「呪い」となってきます。くれぐれも注意してください。

ちなみに、幽体(アストラルボディ)はこの三段階とは別の概念です。


それでは、京明流降霊術の方式をお話ししたいと思います。

なお、これはとても大事なことなので強調しておきますが、降霊術を執《と》り行うことによって、さまざまな事柄が起こるかもしれませんが、それらはすべてその方の責任によるものです。降霊術は自己責任の下で行ってください。

京明流降霊術の方式

これより京明流降霊術の手順（方式）をお話しします。まずは次に挙げる道具を用意してください。すべて新品（未使用品）が望ましいです。

京明流降霊術に用いる道具

降霊術布（巻末に折り畳んであります）
線香とマッチ、小皿（線香や摺《す》り終えたマッチを置くもの）
新しいグラス2個（水を入れて供える用と自分が飲む用）
蝋燭《ろうそく》（できるだけ大きくて太いもの）、燭台《しょくだい》（小皿やお猪口《ちょこ》でも代用可）を2セット
水1本
塩結び一つ（必ず三角形に握る）
塩と米をそれぞれひとつまみ分取り、半紙に包む
筆記用具とメモ用紙

※火の取り扱いにはくれぐれも注意してください。

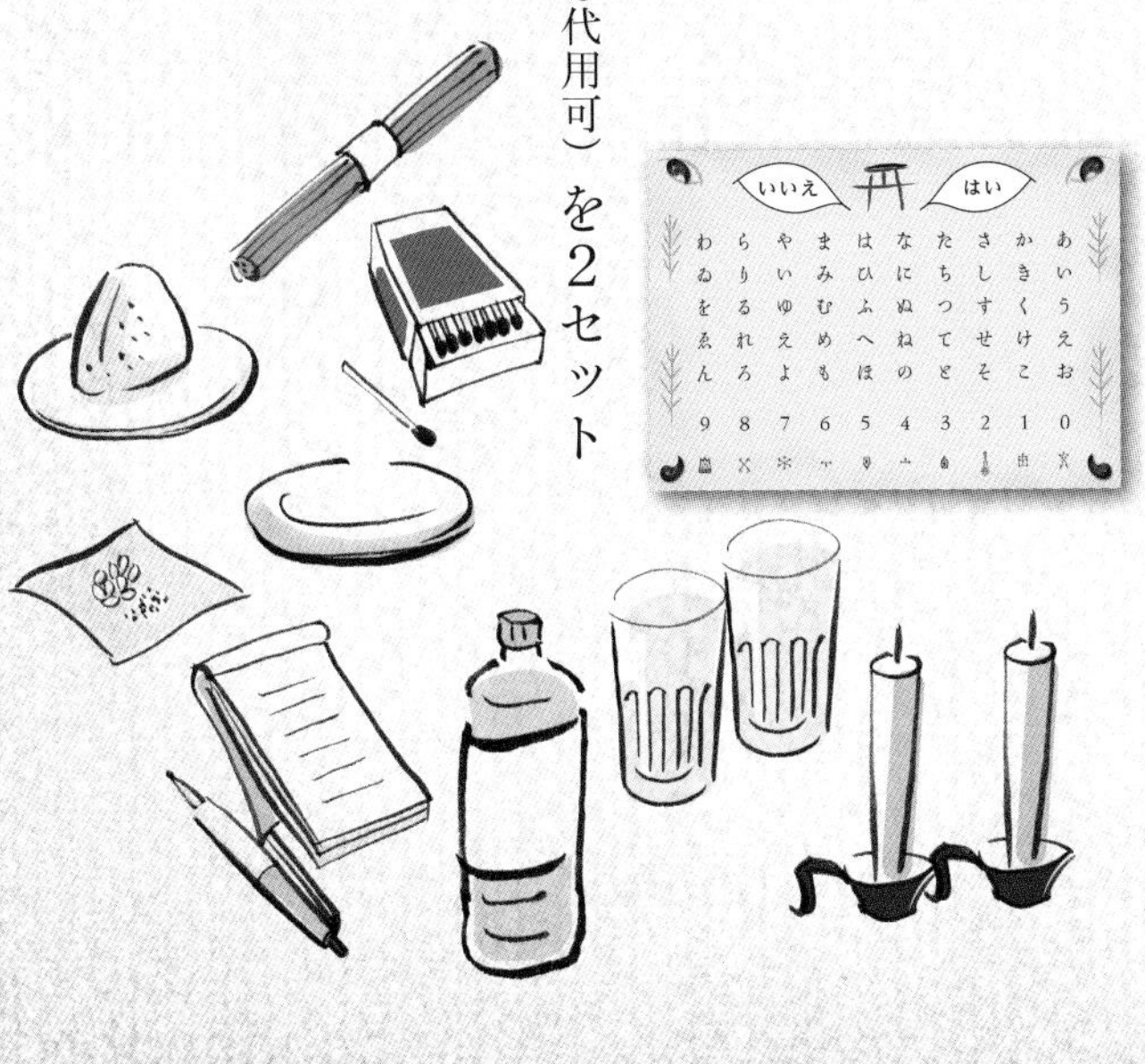

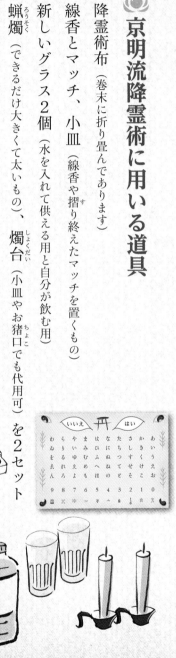

【式を始める前に】

術式は日没後に行ってください。

術式を行う前の禊《みそぎ》として、入浴をして身を清め、歯磨きも行ってください。それから白い服装（シャツなど、できればおろしたてがいいです）を着てください。

部屋に入り、一人で行うようにしてください。

京明流降霊術方式1

日没後、入浴、歯磨きで身体を浄め、白い服装にて一人で部屋に入る

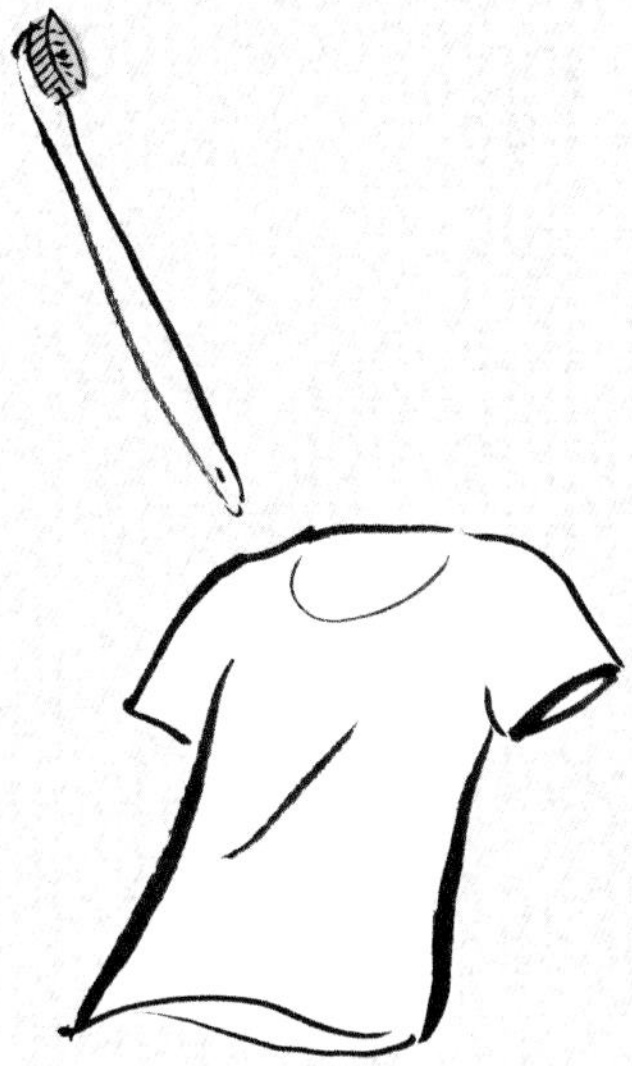

【配置の仕方】

部屋に入ったら明かりは暗くします。カーテンも完全に閉めて、真っ暗が望ましいですが、多少薄暗くても問題はありません。

机の上に降霊術布（巻末に折り畳んでありますので、それを切り取って使用してください）を敷き、そして白い平皿の上に蝋燭を2本立てて布の両端（あなたから見て奥側の左

右です）に置いてください。蝋燭の火をつける順番は右↓左です。塩結びと水は御供物として真正面奥に置いてください。詳しくは配置図を参照してください。

京明流降霊術方式2

配置図の通りに置く

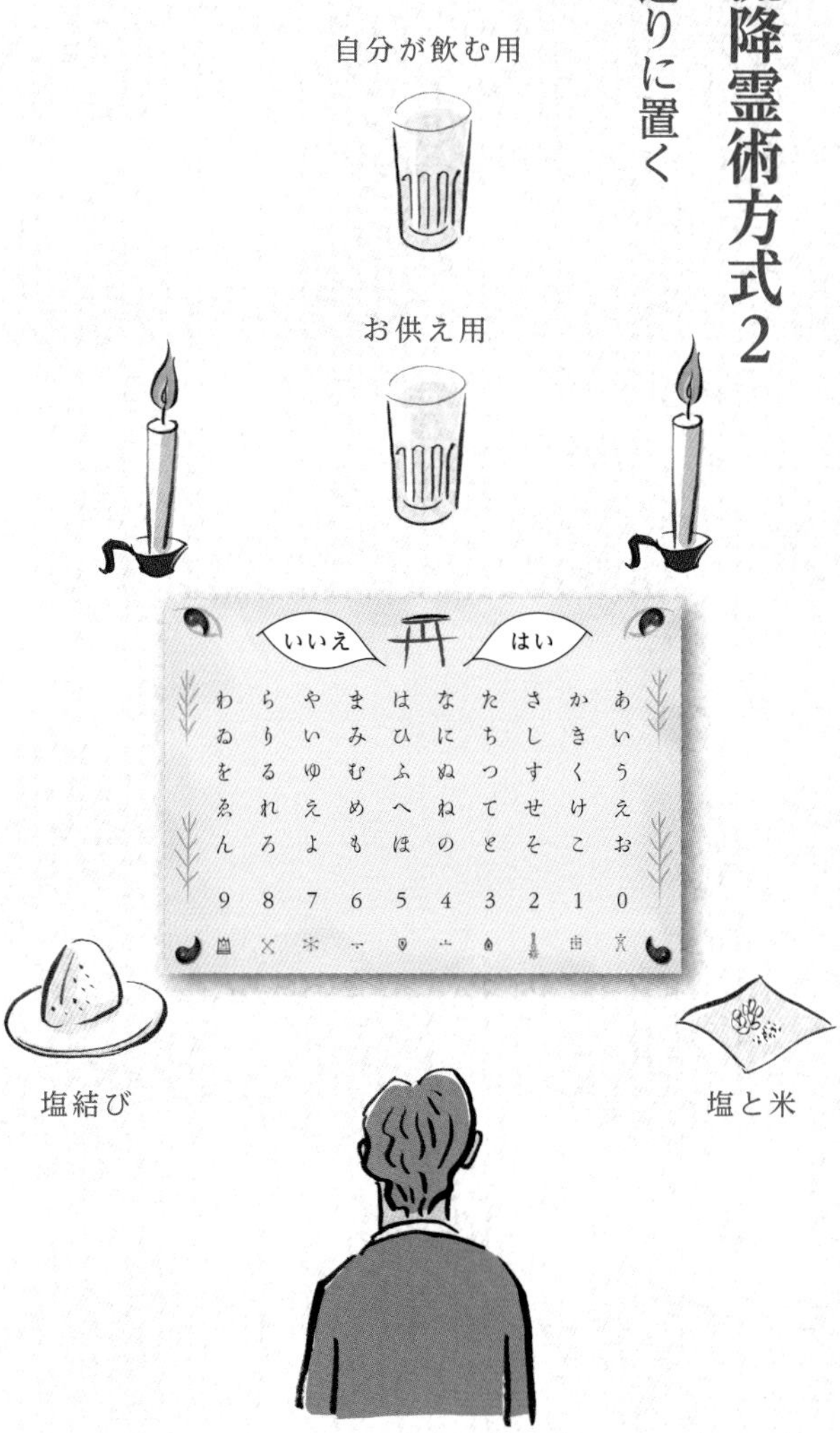

【印の結び方】

続けて、両手で印（合掌して親指を揃え、人差し指は折り曲げ、中指と薬指は伸ばしたまま合わせ、小指は折り曲げる、親指は折り曲げた人差し指の第一関節の上に置く）を結び、「早馳風《はやちかぜ》の神《かみ》　冥界《めいかい》と取次《とりつ》ぎたまへ」を2回唱えます。

京明流降霊術方式3

両手で印を結び、「早馳風《はやちかぜ》の神《かみ》　冥界《めいかい》と取次《とりつ》ぎたまへ」を2回唱える

【降霊術の開始】

続けて、「この道場《どうじょう》おいて、死者がいましたら、蝋燭《ろうそく》の炎を揺らしてください」と聞きます。蝋燭の炎（これは両方でも片方でも構いません）が揺らいだら早馳風の神の承諾を得たことになり、そのまま術式を執り行って構いません。

もし、炎が揺らがないようでしたら、その場で座禅を組み、約3分、目を閉じて腹式呼吸（鼻から吸って、口から息を吐き出す）をしてください。その後、もう一度、「この道場において、死者がいましたら、蝋燭の炎を揺らしてください」と尋ねます。もし、それでも炎が揺らがないようでしたら、印を結んだまま「早馳風の神冥界と取次ぎたまへ」を4回唱えます。

これで準備は完了です。
あなたが霊に尋ねたいことをはっきりとゆっくり伝えてください。

京明流降霊術方式5

霊に尋ねる

【線香の付け方】

いよいよ、降霊術の開始です。
線香3本を真ん中から二つに折って6本にします。右手で6本をまとめて持ち、向かって左奥に点した蝋燭から線香に火をつけます。なお、線香に火がついて炎を消す場合は、息を吹きかけてはいけません。あなたの正面、右から左に振って消してください。

京明流降霊術方式6

線香3本を二つに折り6本とし、
右手に持ち替えて、左奥の蝋燭から火を付ける。
消す場合は息を吹きかけるのではなく、
右から左に振る

【線香の動かし方】

右手で6本の線香を持ち、ゆっくりと降霊術布の上に持っていき、質問事項を頭で念じながら、ゆっくりと、右上の「あ」から始めて、そのまま左に移動させます。「わ」まで来たら、その下の「ゐ」に移動し、そこから右に移動させ「い」にいきます。以降、ジグザグで線香を下まで移動させ「ん」までいきます。「ん」に着いたら、その逆に「あ」まで戻ります。詳しくは線香の動かし方を見てください。

線香の灰が文字に9個落ちたら終了です。

京明流降霊術方式7

線香の動かし方の通りに
ゆっくりと動かす

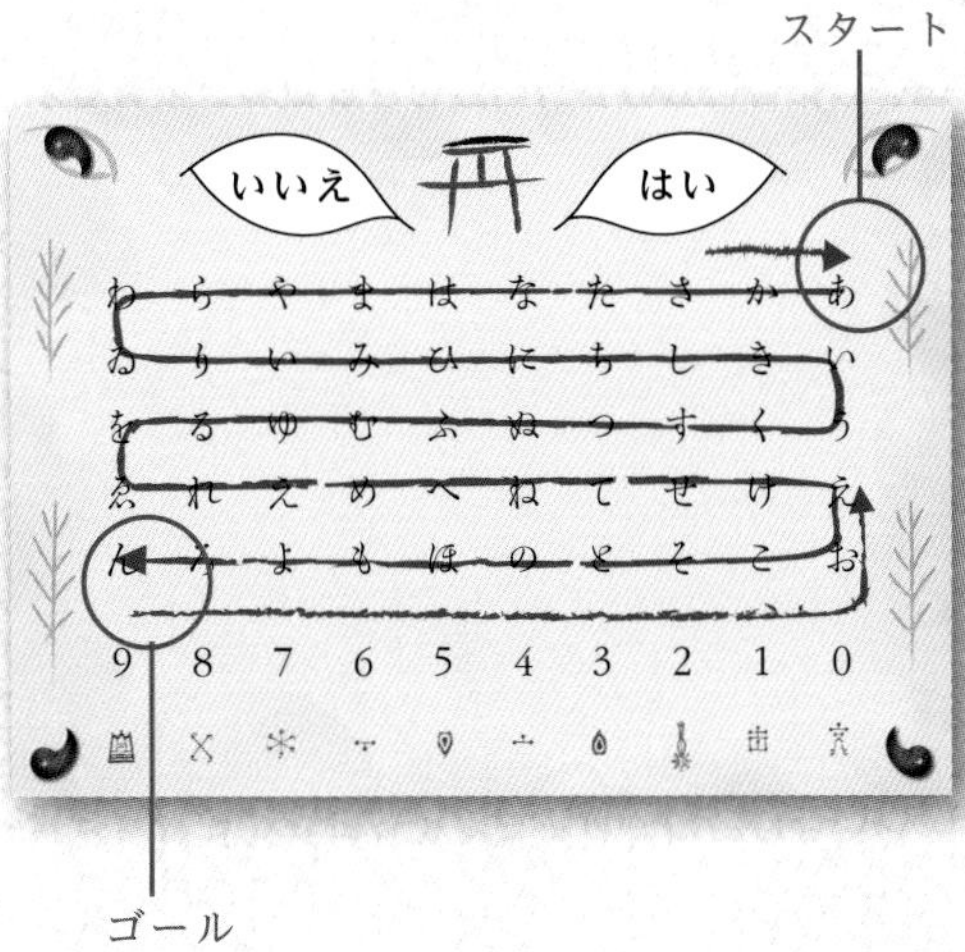

【灰の書き留め】

線香の灰が落ちた九つの文字を書き留めます。もし、同じ文字に複数回灰が落ちたら、それぞれ別の文字として書き留めてください。つまり、「か」に灰が3回落ちたら、「か、か、か」となります。

また、質問内容によっては9文字以上を尋ねても問題ありません。9文字は必ず得るようにしてください。

まったく答えがわからないような質問ならば一番下の数字まで線香を移動させるようにしてください。

なお、「はい」と「いいえ」で尋ねる場合は、「はい」の上からスタートし、「はい」と「いいえ」の上を交互に線香を動かし、最初に灰が落ちた方が答えとなります。

京明流降霊術方式8

灰が落ちたすべての文字を書き留める

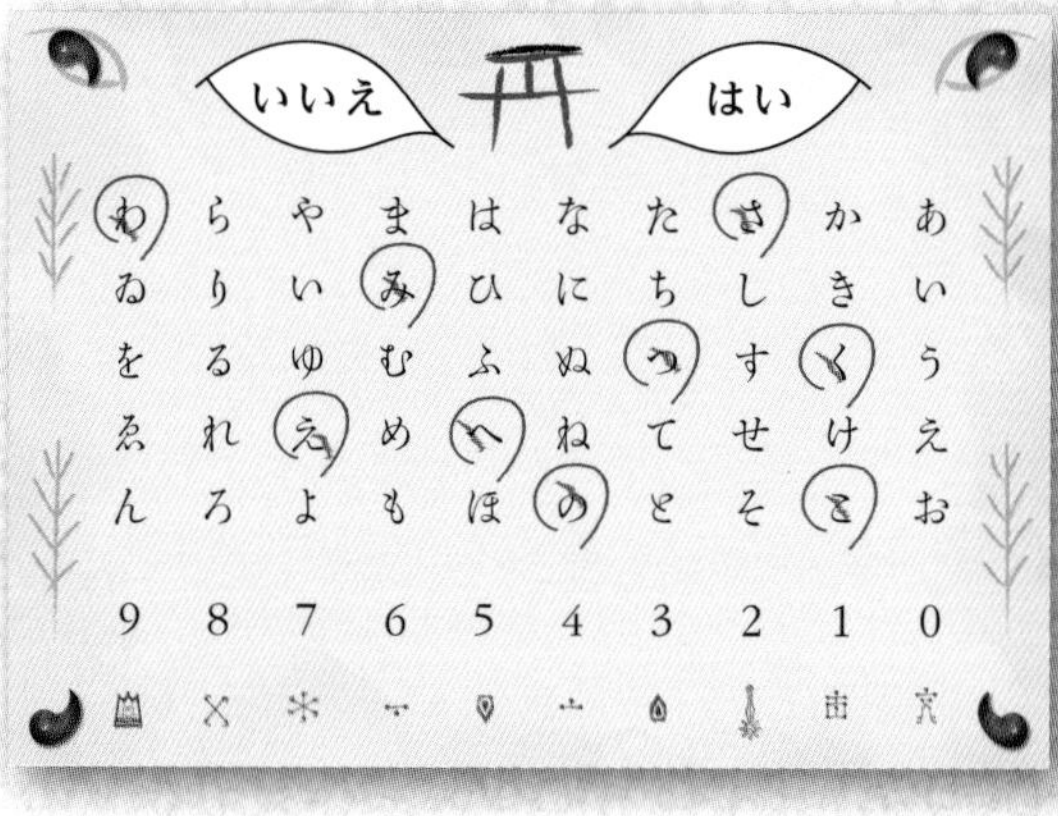

【線香と灰の移し替え】

文字の書き取りが終わりましたら、線香を別皿に置き、その皿に布に落ちた灰も移しておきます。なお、続けて別の質問を行いたい場合は、新しい線香で「京明流降霊術方式6」から始めてください。1日にできる質問の回数は6回です。これだけは必ず守ってください。

京明流降霊術方式9

線香と灰を別皿に移す

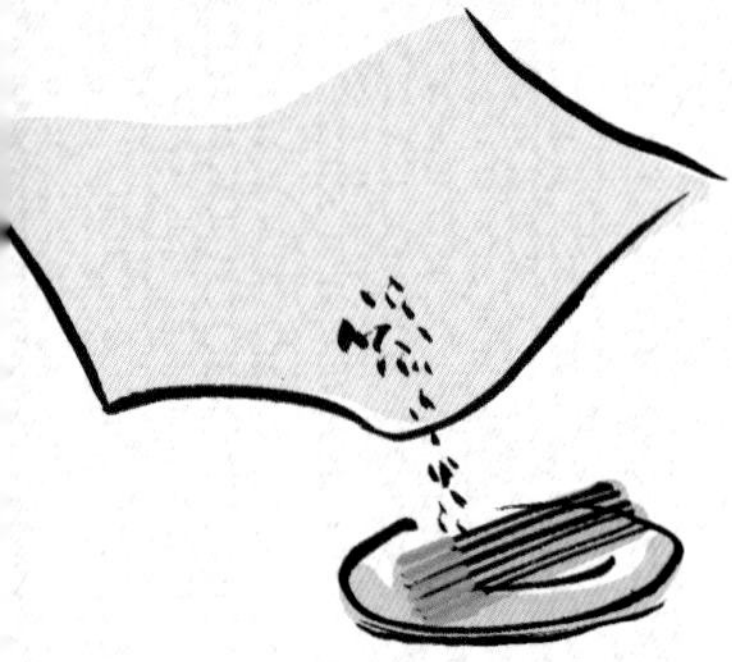

新しい線香1本を右奥の蝋燭でつけて、「いいえ」の上に持っていき、「この道場よりお帰りいただいてもよろしいでしょうか」と唱えてから、ゆっくりと「はい」に移動させます。その後、鳥居の上に持っていき、10秒ほど静止します。最後に、御供物の水で線香を消します。

京明流降霊術方式10

御供物の水
新しい線香1本を右奥の蝋燭でつけて、
「いいえ」の上に持っていき、
「この道場よりお帰りいただいても
よろしいでしょうか」と唱えて、
「はい」に移動させ、鳥居の上で10秒ほど静止。
最後に、御供物の水で線香を消す

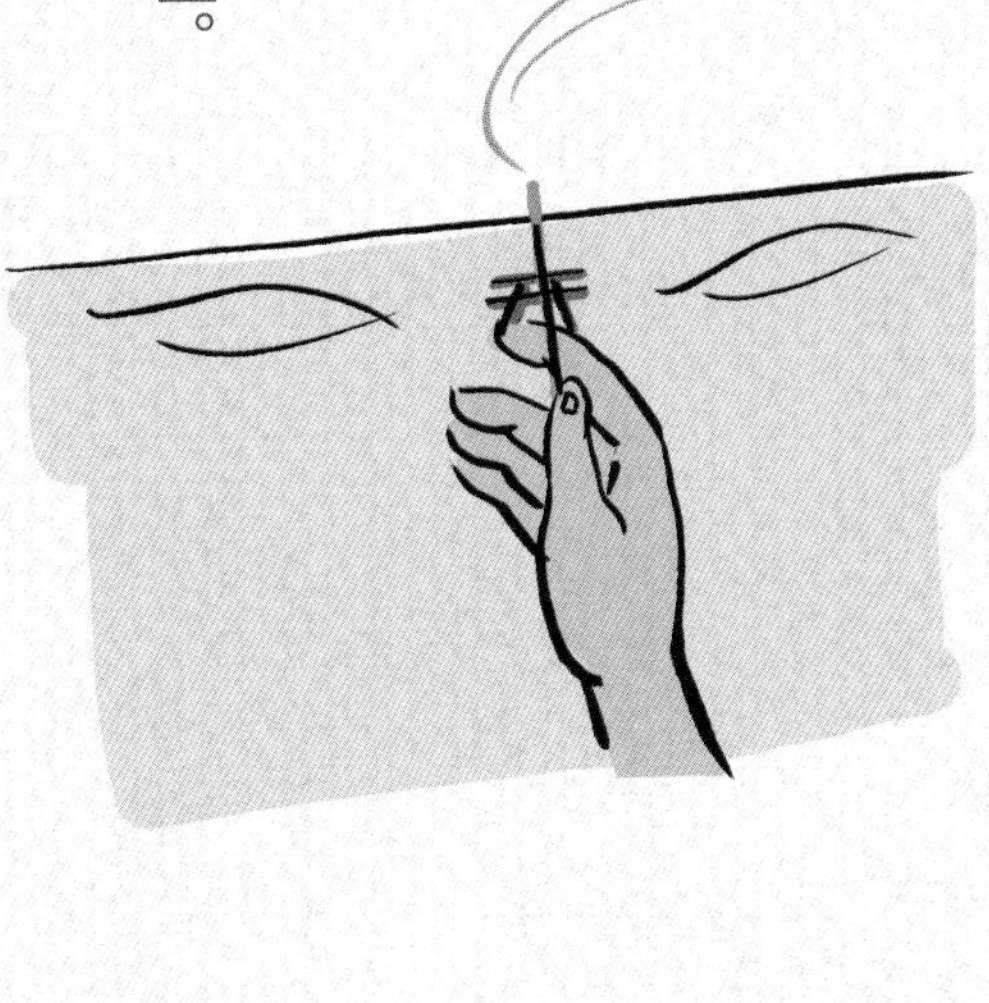

【蝋燭の消し方】

二つの蝋燭のうち、向かって左を先に手であおいで消し、続いて右を消します。

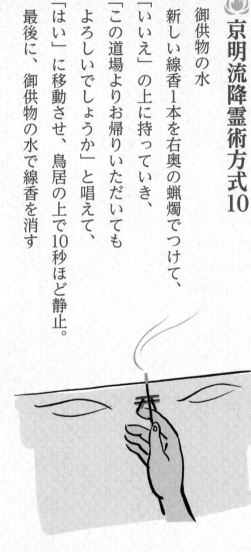

京明流降霊術方式11

蝋燭を吹き消す順番は左→右

【お供え物を食べる】

供えておいた塩結びを食べ水を飲んで、方式は終了となります。

部屋の電気を点けて明るくし、ゆっくり深呼吸をしてください。

道具を片付け、再度、入浴と歯磨きを終えたら日常生活に戻っていただいて構いません。

京明流降霊術方式12

塩結びと水を食べる

これが京明流降霊術の流れです。

時間がかかったり、手間取ったりすることもあると思いますが、慌てず騒がず、着実に進めてください。

最後にもう一度、念を押しておきます。

降霊術は自己責任で執り行ってください。

また、火の取り扱いにはくれぐれも注意してください。

物語のはじまり

物語のはじまり

東北のとある地方にある、明治から続く老舗旅館「羽黒旅館」は、今の主人の代で閉館する運びとなった。

町の有形文化財でもあり、町の名所としての存在感もあったが、旅館の主人である羽黒宗二の決意は固かった。

町長より「閉館にあたって旅館の年表＝町の年表をまとめてほしい」と依頼された宗二は旅館での最後の仕事として、この話を受ける。

すると、その日から、宗二は毎晩、不思議な夢を見るようになった。

夢の中で、若い女性がしきりに何かを訴えている。

「……あ、つ、い……」

「……あ、つ、い……」

「……あ、つ、い……」


これには何か旅館の秘密と関係があるのかも知れないと思った宗二は、知人でありルポライターである水島圭吾に一緒に調べて欲しいと相談した。

水島はすぐに現場である旅館に赴き、宗二から話を聞き受ける。

簡単な取材を終えて、東京の事務所に戻る水島。

宗二とは定期的に連絡を取り合うことを約束した。


だが、その数日後、宗二との連絡が途絶えてしまう。

宗二の身を案じた水島は懇意にしている最後の陰陽師・橋本京明のもとを訪れる。

これまでの経緯を伝えると、京明は「今回はかなり大変ですよ。私が教える降霊術とお札を忘れないようにしてください」とアドバイスした。

そして水島は旅館に向かった。

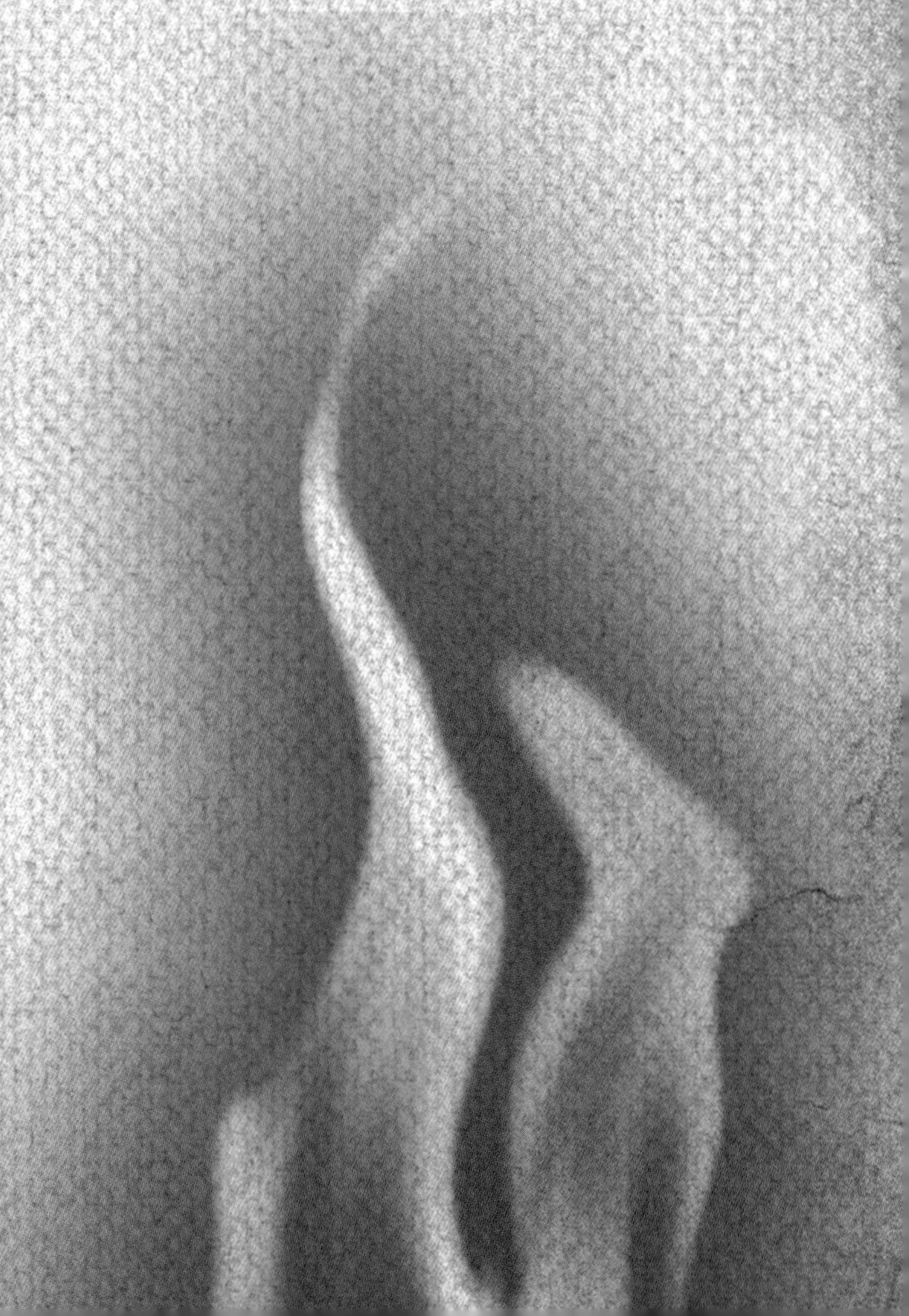

埋火の舞台
埋火の舞台

【登場人物】

水島圭吾

水島圭吾（みずしま・けいご）

47歳独身の本作の主人公。父親の影響を受け、大学では民俗学を専攻する。特に柳田國男を信奉。人と群れることを嫌い、大学卒業後はオカルト現象専門のルポライターでオカルトユーチューバーとしても活動する。東京に事務所を構え全国を取材して回る。事務所には大学時代の後輩が助手としている。橋本京明とは水島が陰陽道を取材した際に知り合い、以後、10年来の水島にとって数少ない友人となる。趣味は骨董品（ただし、経済的価値があるものではなく、水島の嗜好《しこう》に合致したもの）集め。霊感はまったく持ち合わせていないが、京明から授かった「降霊術」で徐々に力を開花させる。10月23日生まれ。

橋本京明

橋本京明（はしもと・きょうめい）

日本最後の陰陽師。主人公の良きアドバイザー。これまでの数多くの霊的問題を解決してきた。水島から持ち込まれる心霊現象や怪異現象の話を聞くのが好き。歴代最強ともいえる霊呪力の持ち主。水島のために「京明流降霊術」を授ける。

羽黒火影（はぐろ・ほかげ）

ずいぶん昔の羽黒旅館の三女。実は羽黒父が愛人を囲い、その娘として生まれた隠し子。ただし、火影本人はそのことを知らされずに三姉妹の一人で育てられる。羽黒三姉妹とも巫女《みこ》の仕事を行う。

火影は幼少期より「発した言葉が現実となる」、言霊の力を持つ。独占欲と秘めたる残忍さがある。そのためにまわりから忌み嫌われ、両親の愛情も受けずに育つ。あることをきっかけに言葉を発せられなくなり、旅館の隠し部屋に8歳から幽閉される。一条泰海に対する淡い恋心を抱いたまま、16歳のとき、非業の死を遂げる。三姉妹の次女・蛍火は羽黒家が代々大切に守ってきた埋火を誤って消してしまい、呪われて死んでしまう。

火影の左手甲には生まれつき炎の形をした痣《あざ》があり、火影の死後、羽黒家の女性には、なぜかこの痣が遺伝することとなる。長女（風火・ふうか）が後に婿養子をとり、女将を継ぐことになる。次女・蛍火（けいか）は火影が持つ特殊な能力をやっかみ、火影に嫌がらせばかりしていた。7月8日生まれ。

羽黒風火（はぐろ・ふうか）

羽黒三姉妹の長女。年の離れた次女蛍火と火影の母親的存在。蛍火と火影が亡き後、羽黒旅館を受け継ぐ。火影の出生の秘密を知り、羽黒家の呪いについても知っていた。晩年、それらを書き残した秘密の書を旅館に隠す。10月16日生まれ。

羽黒蛍火（はぐろ・けいか）

羽黒三姉妹の次女。火影の二つ上。村に代々伝わる祭りを誰よりも好きでその当主になることが最大目標。歴女で歴史オタク。ただし、その地位を火影を奪われてからより一層火影をいじめるようになる。一条泰海についてはまったく興味がないが、ストレス解消の矛先として、二人の恋路を邪魔する。17歳のとき、誤って「埋火」を消した呪いで死ぬ。3月3日生まれ。

羽黒蛍火

羽黒父

羽黒三姉妹の父。元々は裕福な軍閥の息子。政略結婚として羽黒家に婿入りする。政略結婚のため、妻とは恋愛感情はない。愛人を数人囲い、そのうちの一人、格式ある神社の巫女であった源巫令（みなもと・みれい）との間に隠し子として火影を作る。1月1日生まれ。

羽黒母

風火と蛍火の母。お金のことしか考えず、羽黒旅館も自身の経済的満足のためだけに活用する。夫との結婚も金銭目当て。娘を二人授かるが愛情はまったくない。火影についても夫の家から金銭的保証を受けることができたために認めた。着物好きで自らデザインもする。2月15日生まれ。

羽黒祖母

羽黒旅館を守り受け継ぐことが大事だと信じている真面目な人物。火影の言霊により死亡。12月24日生まれ。

源巫令（みなもと・みれい）

火影の実母。その美貌を見初められ、羽黒父に強引に迫られ火影を身籠《みごも》る。火影出産後、死亡。7月8日生まれ。

羽黒宗二（はぐろ・そうじ）

68歳。明治より続く老舗、羽黒旅館の主人として婿養子となった現在の当主。もともとは羽黒旅館近くにある病院の医師。史子の相談を乗るうちに恋心が芽生え、羽黒家としては例外的な恋愛結婚を33歳でする。以後、医師と旅館の二足のワラジをする。高齢ではあったが史子との間に子供を授かろうと努力するが、なぜか流産や妊娠後の史子の災厄（火傷・悪夢にうなされ不眠症）に見舞われ、ついに子供を持つことはできなかった。史子を誰よりも強く愛し、羽黒旅館としての経営にはさほど興味を持たない。後継者ができないことと、病院の改築に伴い、病院長に就くことが決まり、羽黒旅館の閉館を決意する。

　趣味で民俗学を研究し、それが縁で水島とも懇意となる。水島とは1～2年の付き合い。羽黒家の秘密に気づき、水島に一緒に調べてほしいと依頼をするが、その後、行方不明。1月24日生まれ。

羽黒宗二

羽黒史子

羽黒史子（はぐろ・ふみこ）

59歳。羽黒旅館の女将であり宗二の妻。一人娘として育てられる。看護師の資格を持ち、研修中の指導医であった宗二と大恋愛の末、24歳で結婚。もともと体が弱く、子供ができづらい体質。左手甲には生まれつきの痣があり、その痣は炎の形をしていた。埋火の扱いと秘密を受け継ぐが、呪いはまったく信じていない。誤って埋火を消し、再度火を灯《とも》す際に間違えた方法を行い、呪いを受ける。旅館の閉館にも賛成する。9月30日生まれ。

一条泰海（いちじょう・やすみ）

16歳。火影が生きていた時代に羽黒旅館の下足番（丁稚奉公）として働いていた従業員。羽黒旅館がある地とはまったく縁もゆかりもないところの出で、家が貧しく、7人兄弟の末っ子のため、幼くして売られる。9歳から羽黒旅館で働く。野心や大志は持たず、ただ実直に旅館に奉公する。親を恨んだり郷愁の念はなく、花の水やりや動物の世話なども好きな優しい心の持ち主。火影の目を見て一目惚れとなり、以後、火影のそばにいたい一心で旅館に尽くす。7月7日、自分の生まれた日に埋火の呪いで亡くなる。

【舞台】

羽黒旅館《はぐろりょかん》▼東北のとある地方にある旅館。明治創業でかつては知る人ぞ知る湯治場《とうじば》であった。しかし、近年は源泉が枯渇《こかつ》し、観光客の足も遠のき、以前のような華やかさはなくなった。現当主である宗二は自分の代で閉館を決めていた。

代々、「火」を守る女系の家系であり、この地域に伝わる火柱祭を始めたのも羽黒家であった。火柱祭は稲を人の形にあしらった大きな案山子《かかし》を燃やして五穀豊穣を願う祭りということになっていたが、その裏で実際には、羽黒家で本物の人間の人柱を捧げる狂信的な土着信仰を受け継いでいた。

この地域では、古くから継承される土着信仰が残り、30年に一度行われる猟奇的な神事があった。この祭りでは埋火の寿命を受け継ぐ、神事が行われた。それには地域に住む女性が選ばれ、人身御供として氏神さまに捧げられるという……。そして、この地域では古くから幾度となく原因不明の大火が起きてきた。

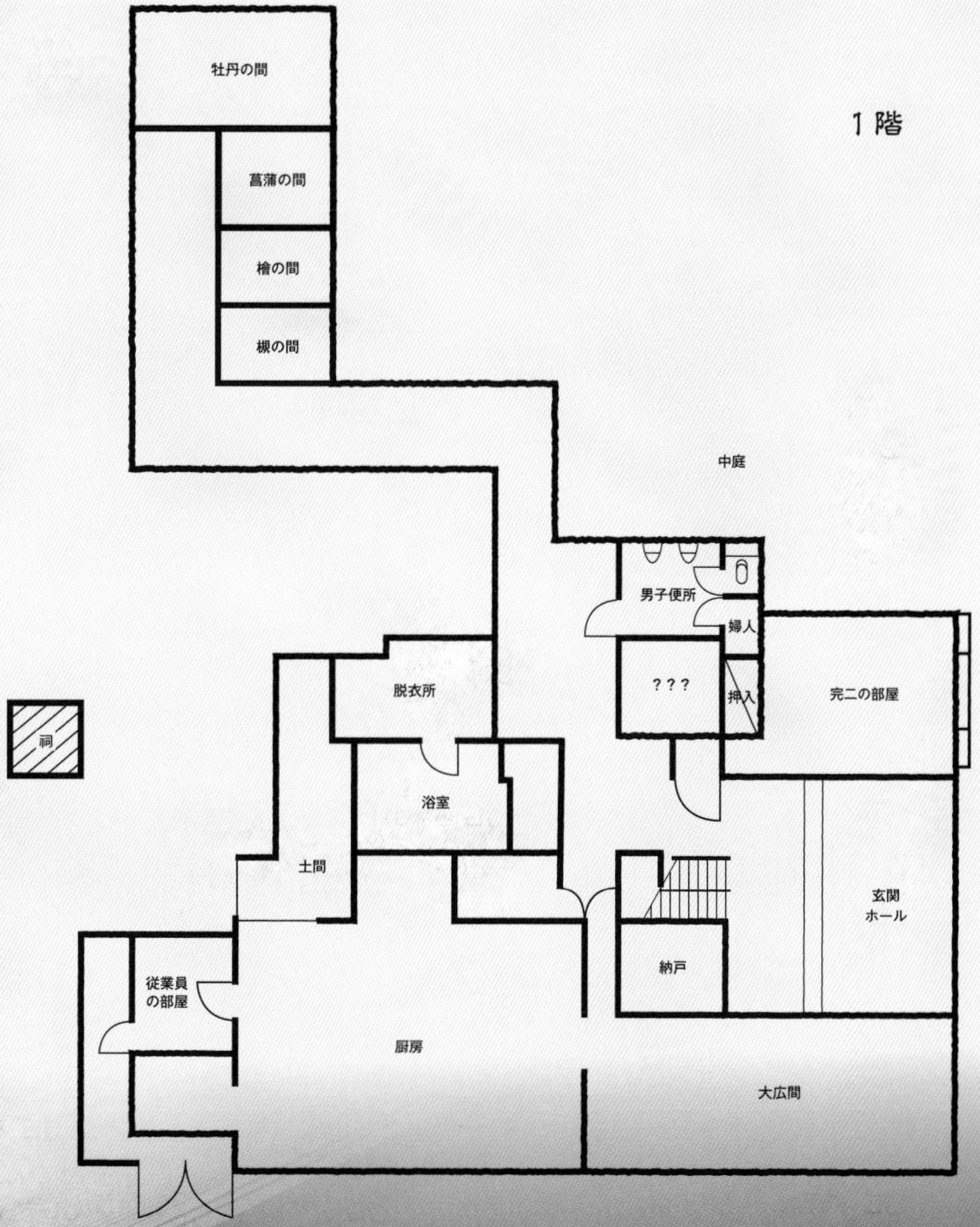
1階
牡丹の間
菖蒲の間
檜の間
槻の間
中庭
男子便所
婦人
???
押入
完二の部屋
脱衣所
祠
浴室
土間
玄関
ホール
納戸
従業員
の部屋
厨房
大広間

2階

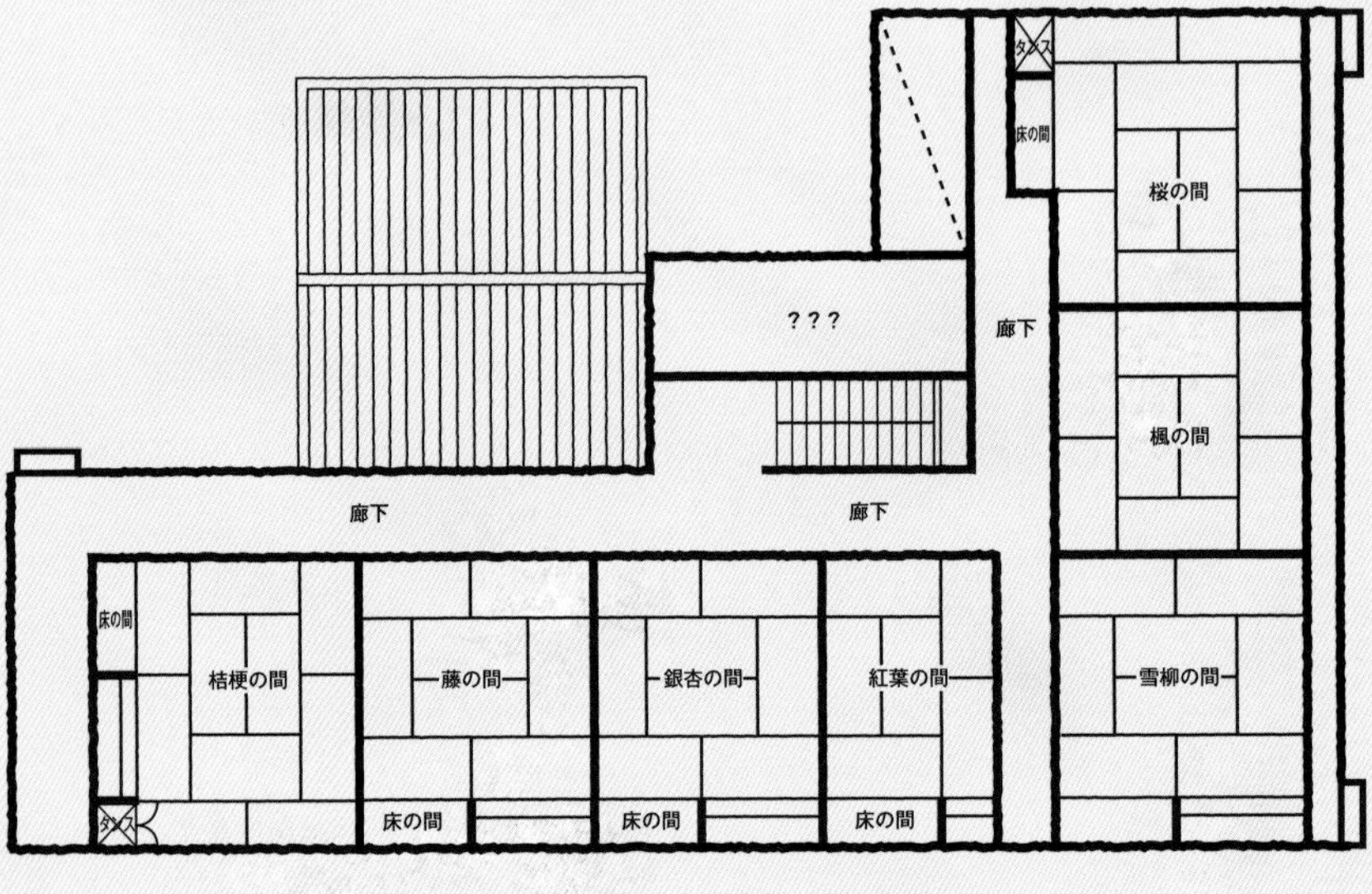
タンス
床の間
桜の間
???
廊下
楓の間
廊下
廊下
床の間
桔梗の間
藤の間
銀杏の間
紅葉の間
雪柳の間
タンス
床の間
床の間
床の間

【「埋火《うずみび》」とは】

圧倒的な霊力を持った初代、羽黒家の女性（羽黒焔（ほむら））の本人の指示に従って、生きたまま燃やし、その火を家の守り神（埋火）として祭り、神様とした。羽黒家の神棚には一年中、火が灯してある。埋火（元の火種）の本体は別の部屋で代々大切に守ってきた。

埋火については次のことが言われている。

・守り神
・神のお告げ
・願いが叶う
・霊力がない人が火を見ると吸い込まれる

【キーアイテム】

ボイスレコーダー▼婿養子である羽黒宗二が町長のお願いもあって旅館の歴史を調べるうちに、この旅館には何か秘密（火影の呪い）があると気づき、自らの身の危険を感じて調査内容をボイスレコーダーに残しながら調査していた。この物語のガイド役的存在。

降霊術▼水島圭吾が橋本京明より授かった秘術。霊と交信し、呪いの秘密を解いていく。

人形《ひとがた》▼水島圭吾が橋本京明より授かった紙の人形。京明自らが力を込めた呪文が描かれ、主人公に危機が迫ったときにその身代わりとなる。

QRコード▼それぞれの「刻」にQRコードが付されている。これをカメラアプリで読み取ると……。

第零剣

旅館の主人羽黒宗二から相談を受けた水島は、橋本京明オフィスを訪ねる。

挨拶もそこそこに、水島は宗二とのやりとりを京明に相談した。


水島「親しい知人に老舗の旅館を営んでいる主人がいまして、オカルト系が大好きでよく取材させてもらっていたんです。

彼には子供ができず後継ぎがいなくて、自分の代で旅館を畳むことにしたんですけど、歴史ある旅館だったので町長から旅館の年表を作って欲しいと頼まれたのがきっかけで旅館のことを調べていたらしいんです。それで、どうもこの旅館に何か秘密がありそうだから一緒に調べてほしいと頼まれていまして。

そこで実際に旅館を訪ねてみたんですけど、鍵はかかってなのに誰もいなかったんです。それでちょっと何かありそうだなと思って。

まずは京明先生に相談しようと思いまして」


ゆっくりとうなずく京明。

京明「そうだったんですね、また行くんですよね？」

水島「ええ、宗二さんが心配なので」

京明「それでは、その旅館の写真とかありませんか？　霊視してみましょう」

水島は以前に撮影した羽黒旅館の写真を京明に手渡す。
写真に触れ、じっと見つめる京明。
霊視を終えた京明が重い口を開く。

京明「水島さん……ちょっと厄介かもしれません。ここはとても危険な場所です」

水島「危険!?」

京明「はい、この旅館に張られていた結界が最近になって解かれてしまったようですね……水島さん、それでも、行かれるんですよね？」

水島「……はい、行きます。京明先生にそう言われるとなおさら、その旅館の秘密を解き明かしたいです」

京明「そうですか、わかりました……それでは、今から私がとっておきの方法を伝授します」

水島「とっておき？　それは……なんですか？」

京明「『京明流降霊術』です」

水島「降霊術……」

京明「はい、何か困ったことがあったらこの術式を使ってください。また、いざというときのために、このお札を授けます。水に溶かして使ってください。火の呪いに効きます。きっと、水島さんを助けてくれます。どうぞ気をつけて」

水島は京明から降霊術の方式を教わり、お札を手に、羽黒旅館へと向かうのだった。

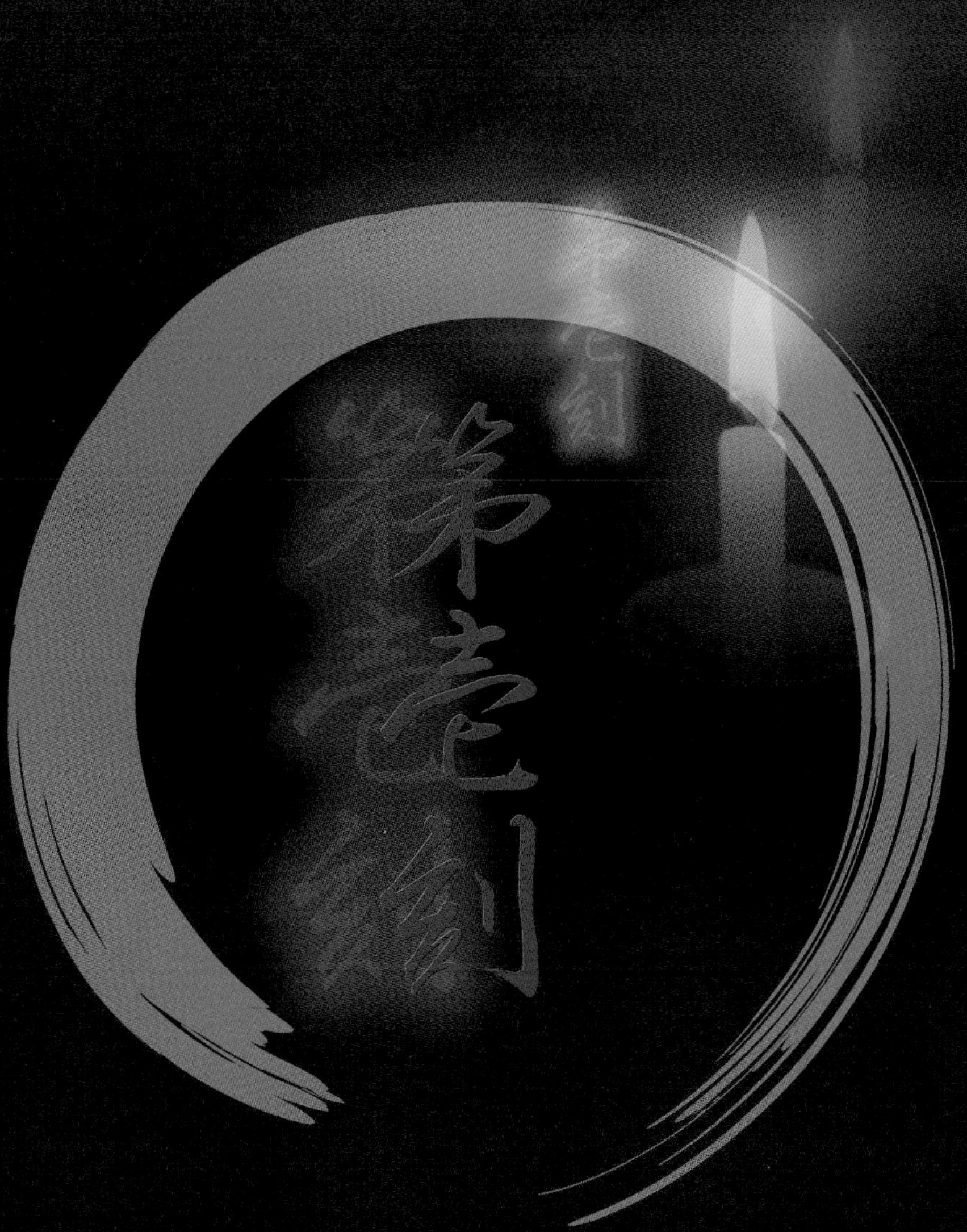
第壱剣

水島が羽黒旅館に到着したのは既に日も落ちた21時過ぎだった。

本来ならばもっと早くそれこそ明るいうちに着くべきだったが、急な仕事が立て込み、移動途中の高速道路でも事故の渋滞に巻き込まれるというハプニングに見舞われたからだ。

水島「また、ここに来たか……」

玄関の引き戸はやはり鍵がかかっていない。

築年数を感じさせる重く大きな音を立てて戸を開く水島。

玄関は灯《あか》り《》が灯《とも》っているのだが、他の部屋は暗いままだ。

不思議そうに玄関を見回していると、奥から女将である羽黒史子が出てきた。

水島「あ、……」

水島が声をかけようとするも、放心状態のような史子は水島の存在を知らないかのように脇を通り抜け、そのまま外に出て行ってしまうのであった。

史子は左手で右手を押さえている。

水島は右手に炎の形をした痣《あざ》があるのを見た。

史子は出て行ってしまい、他に従業員が居るとも思えない。
このまま上ろうかと水島が思案したそのとき！

ガラガラッ！

大きな音を立てて玄関が閉まった。
慌てて引き戸を開けようとする水島、しかし水島がどんなに力を入れて戸は開かなかった。

すると

トントントントントン！

階段を小走りで上がる音が聞こえ、振り返る水島。
階段の上、つまり2階にも人の気配は感じない。

水島「これは……どういうことなんだ……」

しばし茫然《ぼうぜん》と立ち尽くす水島。
やがて、京明の「何か困ったことがあったらこの術式を」の言葉を思い出し、
この場で降霊術を執《と》り行い始めた。

灰が落ちた文字から読み取ると、「そ、う、し」が浮かび上がってきた。

水島「そうし……宗二さんの部屋のことか？」

水島は玄関の隣にある羽黒宗二の部屋へと向かうのだった。

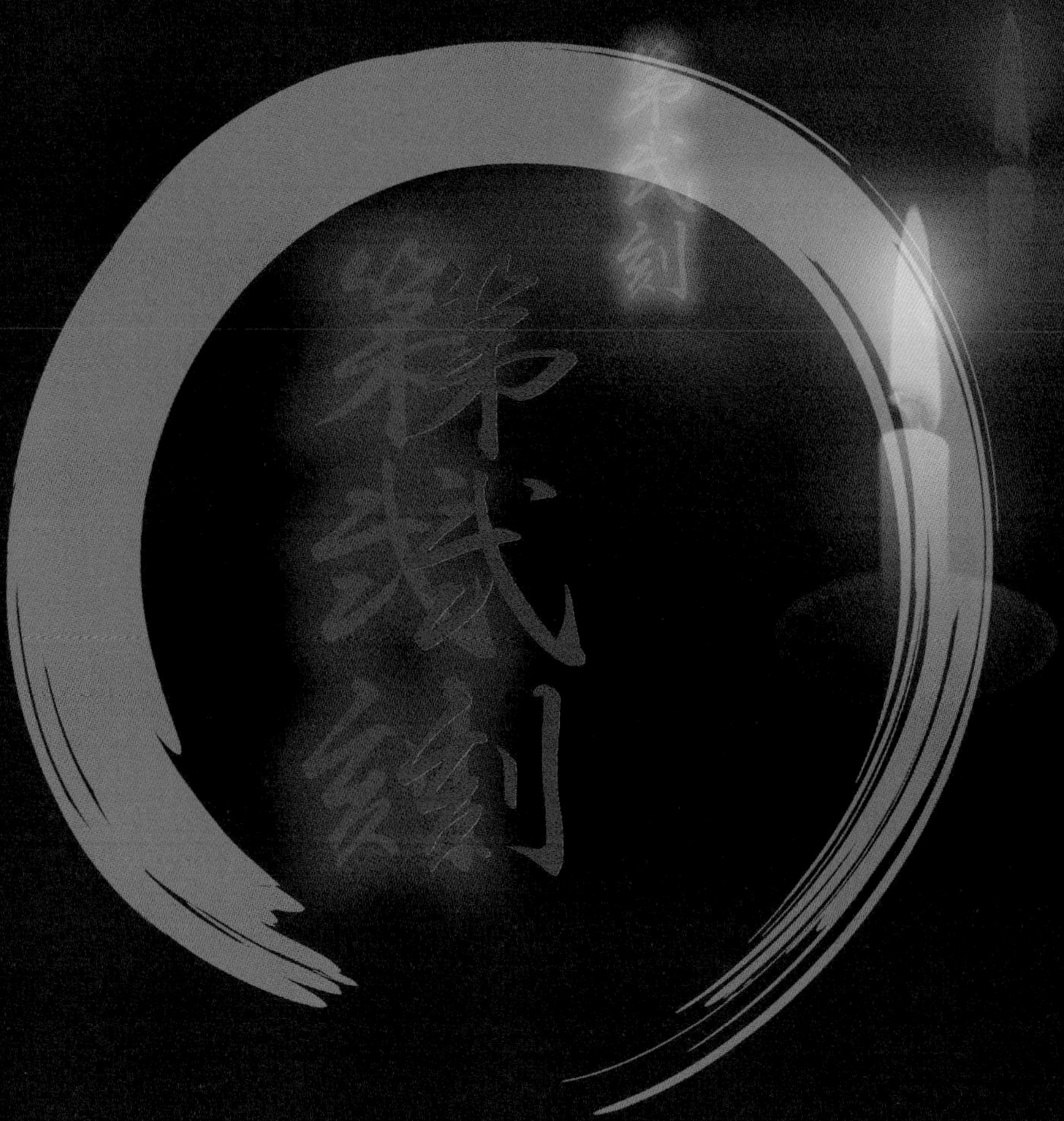
第弐剣

扉を開け、羽黒宗二の部屋へと入る水島。
部屋には、かつて主人である宗二がライフワークとしていた民俗学の書籍などが並んでいた。うっすらと埃《ほこり》が積もっているところを見ると、宗二がこの部屋からいなくなってから長い時間が経っていたことを思わせた。

降霊術で「そうし(宗二)」と出たからにはこの部屋に何かヒントがあるはずだ。
水島はくまなく部屋の散策をし始める。

すると

机の引き出しからボイスレコーダーを発見した。

水島「ボイスレコーダー？　どうしてこんなところに？」

ボイスレコーダーを再生する水島。
そこには宗二の声が記録されていた。

宗二「私は羽黒宗二です。これからこの旅館の謎を解くために、この家の秘密を調べたいと思います。

私の身に何が起こるかもわかりませんので、このボイスメモを残しています。

この羽黒旅館には過去、不審死を遂げた人が何人もいたり、このあたりでは原因不明の大火が続いたり、ずっと不思議に思ってきました。

そして今、この羽黒家には何か秘密があることを確信するに至りました。

この家は代々女性しか生まれない女系の家系であり、長い間、当主として婿を取ってきました。

私の妻の左手甲の痣は、この家の秘密と関係があると思っています。

これから私はその秘密を解くために、妻が……**ガガ、ピーガガガ……**

ガー……」


ノイズが混じって最後の方はうまく聞き取れなかった。

再生音が終わると同時に、遠くからサイレンの音も聞こえてきた。

遠くで鳴っているであろう歪《いびつ》な響きを羽黒旅館、宗二の部屋にも届けていた。

水島「宗二さん……」

ボイスレコーダーをバッグにしまい宗二の部屋を出る水島。
とりあえずは旅館1階を探索することにした。
人気のない廊下に蝋燭《ろうそく》の灯りだけが輝いている。

水島が男子トイレの前に差し掛かったときだ。
旅館のどこからか少女の歌声が聞こえる。
その歌声にビクッと反応し後ろを振り向く。
人影はない。
か細い、もの悲しい、それでいて美しい歌声だと水島は思った。

歌声は徐々に、だが、確実に大きく聞こえ、水島のもとへ迫ってくるのを感じた。
水島は声が近づいてくる側とは反対、つまり、旅館の奥へと足を早めた。

槻の間という部屋を見つけて開けようとするが開かない。
その隣の檜の間も同じく開かない。

声はすぐ後ろまで迫ってきている。

水島「な、なんだよ、この歌声は！」

ドアノブを回す手に汗が滲む。
菖蒲の間のドアを回す、と、この部屋はガチャリと開いた。
部屋に飛び込み、ドアの鍵を閉める水島。

歌声の主はドアを挟んで反対側にいる。
歌声だけが旅館にこだまする。
ドアを開けられてはならないと押さえる水島。
額の汗が押さえる手にしたたり落ちる。

どれくらい経ったのか。
歌声は少しずつ小さく消えていった。

ふうと息を吐き、その場でしゃがみこむ水島。
自分の心臓の脈が不自然なくらい大きく感じる。

水島「よし、大丈夫だ……探すか」

水島は菖蒲の間を調べ始めた。
机の上に古いノートが置かれている。
手に取りめくるとそこには新聞記事のスクラップが。

水島「この地域で起きた大火のことか……」

さらにページをめくるとそこには写真と日記文が。

日記には次のような文章が書かれてあった。

「次女・蛍火が誤って大切な埋火様を消してしまった。私は左手を埋火に捧げてしまったので、ずっと楽しみにしていたお祭りで浴衣が着られなくなってしまった……蛍火には埋火様の存在をせめて教えておけばよかった」

「火影が口にすることはすべて実現してしまう。恐ろしい娘だ。金のためとはいえ、旦那様もどうしてあんな娘を引き取ったのか。先代のウノさんに似ていると誰かが言っていた。」

「祖母も本当に亡くなってしまった。このままだといつか私も殺されてしまう。彼女を殺さないのなら、舌を切るしかない……」

「泰海のせいで、私の左腕が……これで次女に続いて二回目だ。」

水島「埋火様？　なんて読むんだこれは……それに、口にすることはすべて実現してしまうと、左手を捧げた、か……」

ほかにめぼしい情報がないとわかるとそのノートを戻し、慎重に部屋を出た。
水島はさらに奥の部屋があることに気づいた。
鍵はかかっておらず部屋に入ることができた。

菖蒲の間の奥は牡丹の間であった。

部屋を捜索する水島。
収納扉を開けると１枚の写真が落ちてあった。

水島「赤ちゃんか……」

写真を裏返すと「火影０歳」とある。

水島「さっきが蛍火で、今度は火影か」

と、窓の外、旅館の中庭に物音が立つのを聞こえる。
ゆっくりと窓に近づき、開ける水島。

手にした懐中電灯で中庭を照らすと、そこには人民服姿の男が立っていた。
顔立ちや衣服も整っているが、顔色に生気がない。
言葉を発することもなく、ただ、じっと水島を見つめている。

徐々に水島の方へ近づいてきた。

慌てて窓を閉め鍵をかけ部屋の中へと逃げる水島。
男は窓を開けようとすることもなく、そのまま中庭の奥へと戻っていった。

水島「あの男性……霊、だよな……」

数多くの心霊現象取材で直感的にわかった。

水島「あ、そうか、降霊術か」

水島は急ぎ、降霊術を執《と》り行う。
灰が落ちた文字から読み取ると、「み、す」が浮かび上がってきた。

水島「み、す……水？　水、お風呂場のことか？」

もう一度中庭を振り返り、先ほどの男性がいないことを確認して、
水島は部屋を出た。
次に向かうのは旅館が誇る風呂場であった。

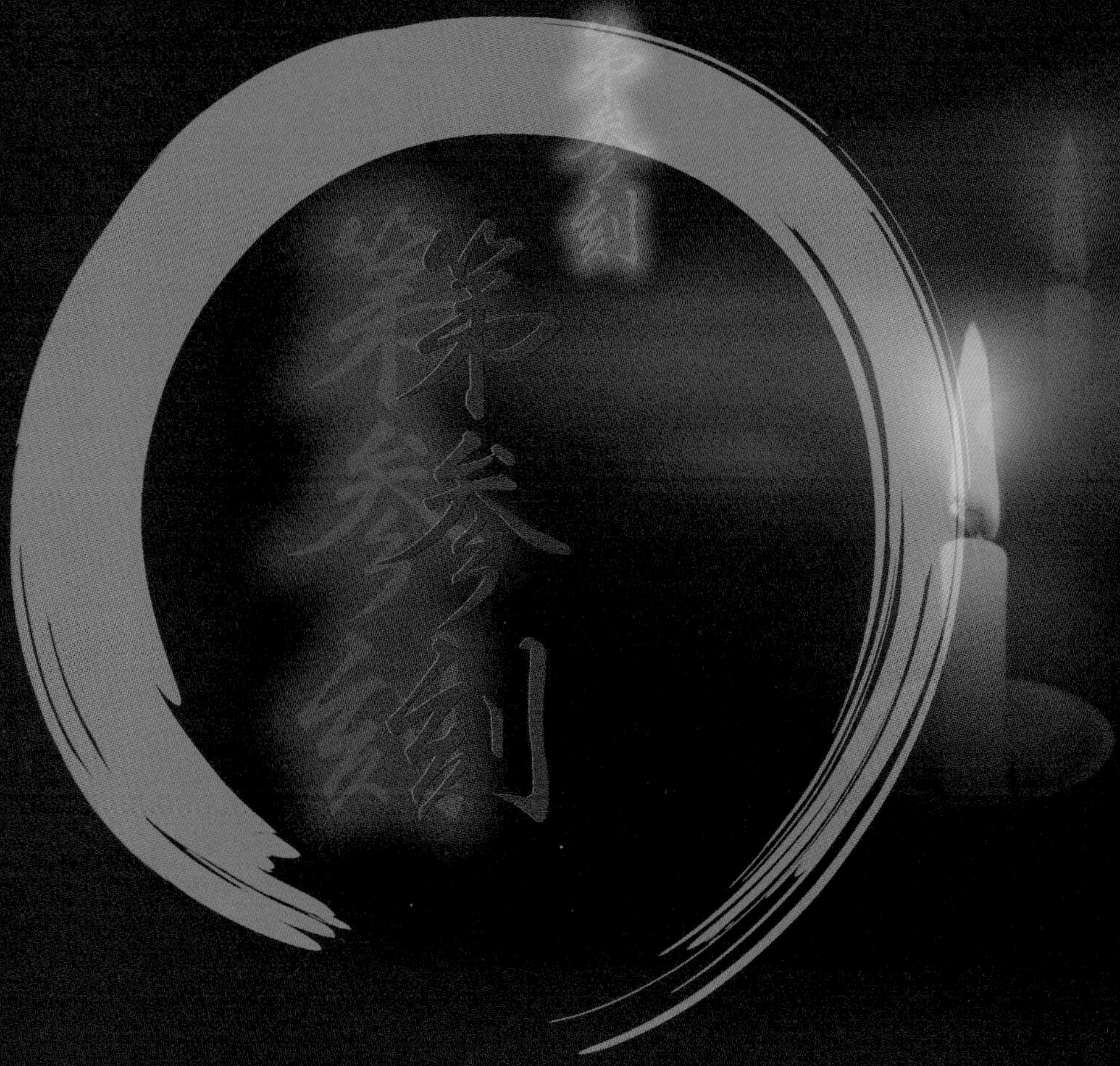
第参剣

牡丹の間からゆっくりと菖蒲の間、檜の間、槻の間と通り過ぎ、トイレの斜め向かいが旅館名物のお風呂場であった。

広さはそれほどないが源泉を利用したものであった。

脱衣所の扉を開ける、と、目の前に姿見が。

「うおっ」

暗い中では自分の姿ですら異形なものに見えてしまう。

脱衣場を一通り調べてみるも取り立てて何もなく、さらに浴室へと進む水島。

浴室をぐるりと見渡した、そのとき

シャー!

急に備え付けのシャワーが激しい音で流れ出す。

水島「あっ!」

シャワーの水を避けようと脱衣場に戻ろうとする水島に巫女《みこ》が立ちはだかる。

バシン！

慌てて浴室のドアを閉める水島。

すりガラスの向こうから巫女がドアを激しく叩く。
顔も押し付けており、焼けただれたさまに水島は声を失う。

成人男性の水島が精一杯抑えてもそれをこじ開けようとする力の強さ。
「どうしたらいいんだ、どうしたらいいんだ！　どうしたらいいんだ！！」
自分の置かれている状況に泣き出しそうになる。

と

「これを使ってください。水島さんをきっと守ってくれますよ」

出立前の京明の言葉を思い出す。


そうだ、人形《ひとがた》だ。

片方の手と半身でドアを押さえつつ、バッグから人形を1枚取り出し、シャワーが流れている浴槽に投げ込む。

人形はすぐに溶け流れ去ってしまう。

それと同時に巫女の姿も消えてしまった。


体の震えが止まらないまま、水島は急いで浴室を出て、さきほどの牡丹の間へと駆け込む。

ドアを閉め、さらに窓から中庭へ。


初夏の気怠い湿った空気だが、これまでの緊迫した状況を緩和させるには十分だった。

なにより、あの旅館の中ではなく、外に逃げられたという安堵《あんど》が水島を冷静にさせた。

水島は懐中電灯で用心深く中庭を照らし、旅館の外を回ってみた。
すると、格子窓がある部屋が旅館隅にあることがわかった。

水島「旅館に格子窓なんて、おかしいよな」

さらに建物沿いに進むと、旅館裏庭の奥に祠《ほこら》があるのがわかった。
以前来たときにはさほど気に留めなかったが、それは確かに祠であった。

祠に近づこうとしたとき、その隣に人影があること気づいた。

水島「あ！」

それは先の中庭で見かけた人民服の男性であった。
男性はじっと水島を見つめている。
動く気配は、ない。

水島は、凶暴な野生動物を対峙したときのように、ゆっくりゆっくりと後退りをした。

男性は、それでも動かない。
20メートル近くは距離を取ったであろうタイミングで、水島は一目散に先の牡丹の間へと走っていった。
後ろから男性が追いかけてくる音は聞こえなかった。

水島「はぁ、はぁ、はぁ」

息切らして中庭から和室へと入ろうとする水島。

水島「うわっ!」

外から部屋に足を入れた途端、両足を無数の手がつかむのを感じた。

水島「ぐわっ、離せ、離せ、離せ!」

振り解こうと足に力を入れるが無数の手は離れない。
むしろより一層水島の足を力強く握りしめる。

水島「そ、そうだ、ひ、人形だ」

浴槽で助かったことを思い出した水島は、あらためてバッグの中から人形を取り出し、携帯していたミネラルウォーターをかけた。
またも人形はきれいに溶け去り、無数の手も消え去ってしまった。

水島「た、助かった、のか」

部屋に入り急ぎ窓を閉め、残りのミネラルウォーターを一気に飲み干した。

水島「よ、よし、やるか」

水島はまずは安全と思われるこの部屋で降霊術を執《と》り行うことにした。手が震えて思うようにできないが、それでも灰が落ちた文字を読み取ると、「と、ま」が浮かび上がってきた。

水島「と、ま……土間、のことか？　確か、調理室の奥が土間だったような……」

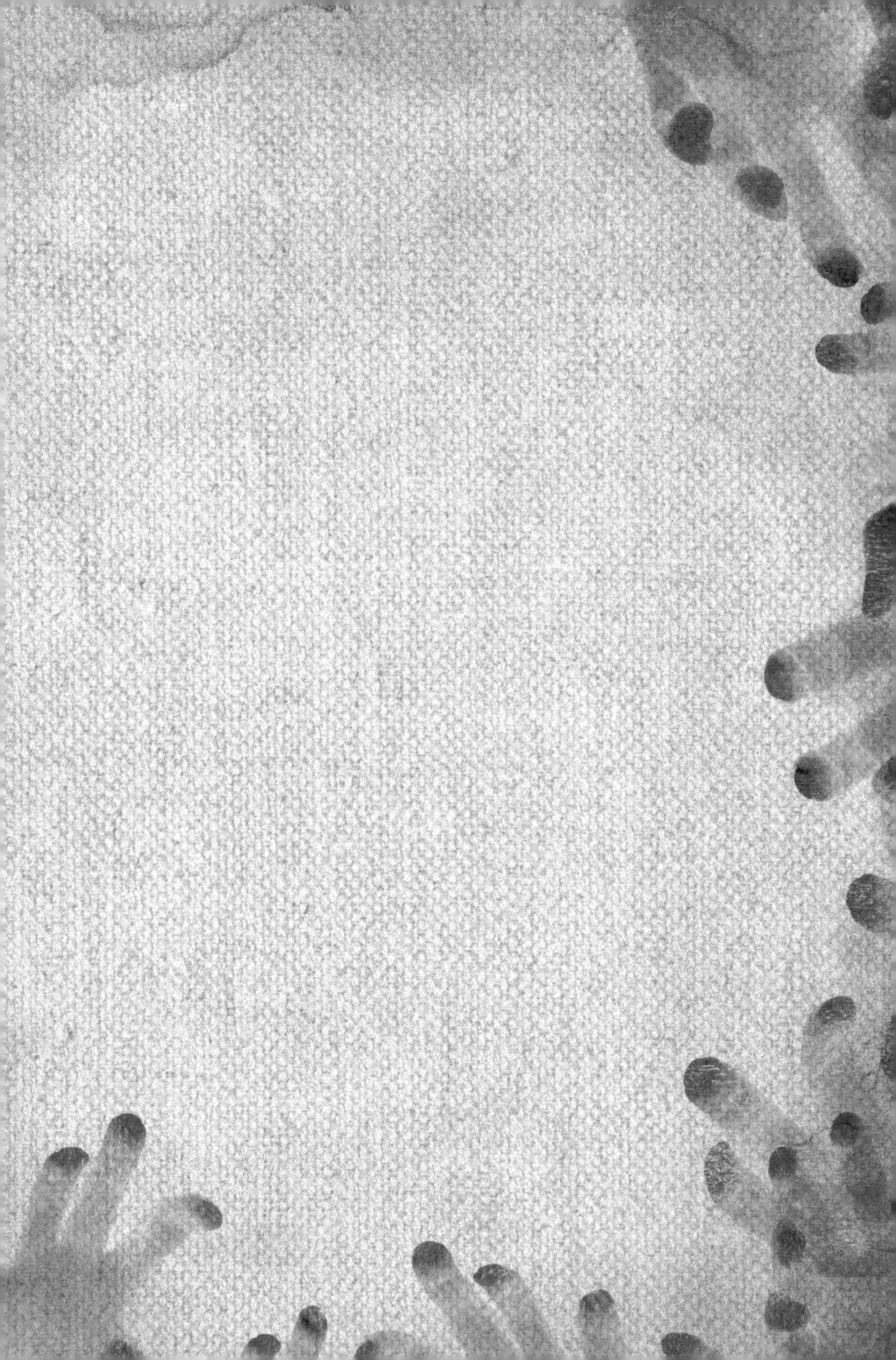

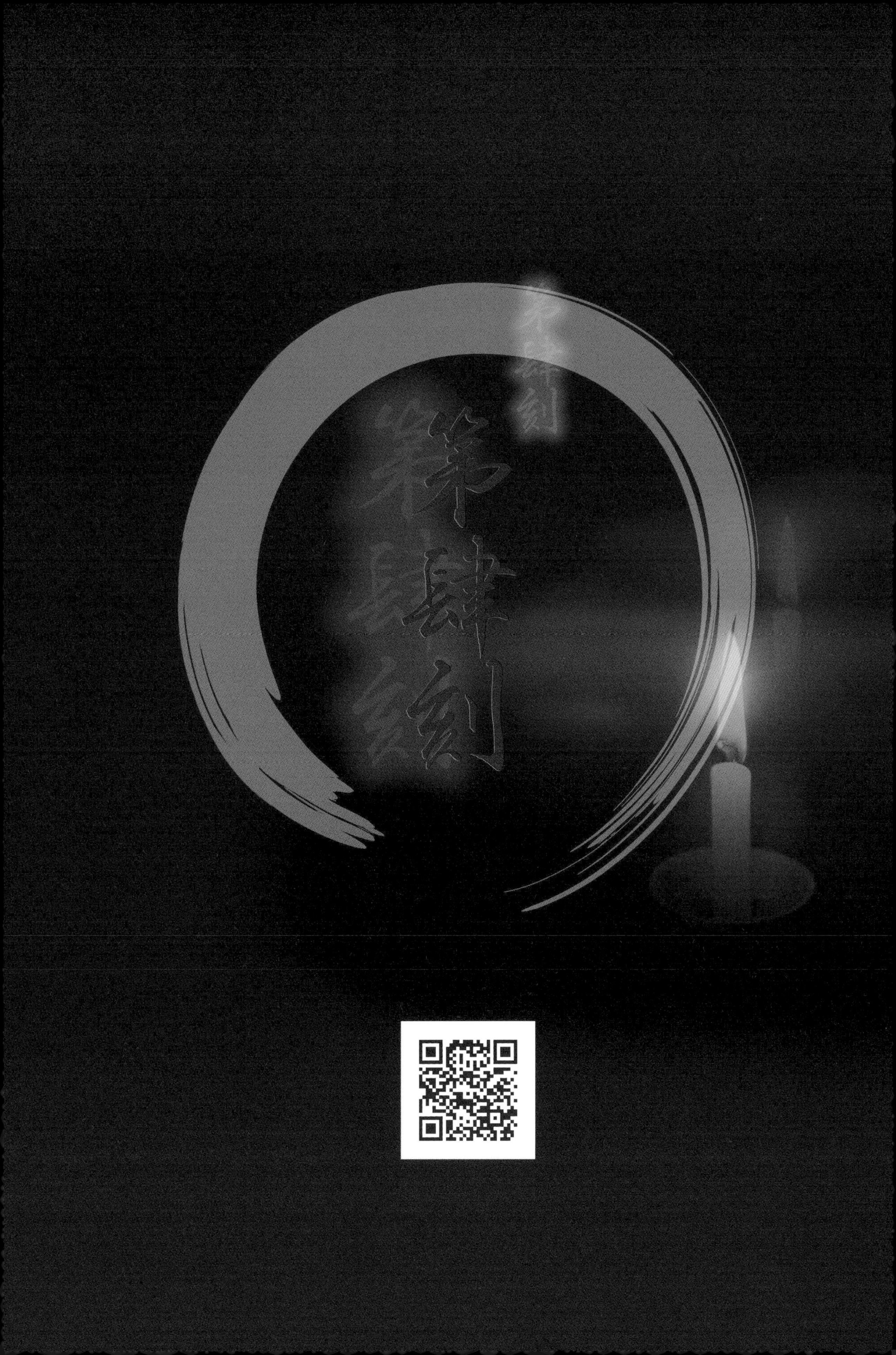
第肆劍

牡丹の間から浴室、さらに調理場を通り抜け、土間にたどりつく水島。
三和土《たたき》のような土間にはさまざまなものが置かれ、収納されていた。

水島「これは……探すのが手間だな……」

しぶしぶと目につくものを開け、広げ、ほどき、何かないかと探す。
すると、食器棚に不自然な編み箱がある。
持つと何やら紙が入っているような軽さであった。
蓋《ふた》を開けると、そこには、メモ用紙や便箋《びんせん》、ノートがあった。
ノートには「従業員ノート」と記されていた。

なかをペラペラとめくる水島。
そこには、かつてこの旅館で働いていたものたちの包み隠さない心情が記されていた。

「泰海が今日もご主人のところに行って、火影とのことを許してもらいにお願いにいったらしい、懲りないやつだ」
「泰海は好きな人と結婚したと火影に嘘を伝えてやった。火影は怒り狂っている様子だった。ざまあみろ」
「火影の櫛を盗んできてやった。あいかわらず、顔の傷が気持ち悪くて見るのも嫌だった」

水島「泰海と火影、か。顔の傷、ね」

どうやらこの旅館の従業員に泰海と火影は大不評な存在だったらしい。

水島「ご主人とは、旅館の主人のことか。つまり、かつてこの旅館に働いていた泰海さんは火影さん、これは当主の娘さん、その子に恋をした。が、叶わなかった、と」

先ほどの日記を合わせて、この旅館の人間相関図が見えてきたような気がした。

水島「ん？」

メモやノートの下に、白い和紙に包まれたものを見つけた。

水島「！これは……」

和紙を広げて息を飲む水島。
そこには、櫛《くし》が包まれていた。それも大量の髪の毛がまとわりついた。
櫛自体に触れることも躊躇《ちゅうちょ》したが、手に取り、仔細《しさい》に確認する。
櫛には「ほかげ」とあった。

水島「ほかげ……火影か！」

と、そのとき

チリーン

鈴の音が聞こえた。
ハッと音のする方を振り向き懐中電灯を照らすと、そこには浴室で襲われた、あの巫女《みこ》が立っていたのだ。

水島「ヒ、ヒィッ！」

慌てて逃げる水島。
巫女が追いかけてくる空気を感じた。
振り返ってはいけない。
調理場の角にもぶつかりつつ、どうにか旅館の外へ出よう。
階段が見えた。
これだ。
水島は躊躇《ためら》いなく階段を駆け上がった。

2階は客室であっただろう部屋が並んでいた。水島は何も考えず、その奥の部屋に飛び込む。

たまたまその部屋だけが開いていたということもあるが。

襖《ふすま》を閉めあの巫女がここに来ないことを願う水島。

が

ガタガタガタ！

巫女と思しき何かが襖を揺らす。

水島「こ、これでどうだ！」

水島は京明から授かった最後の人形を取り出し水をかけて揉み願った。

人形の力なのか、溶け終わったときには襖を開こうとする音はなくなり、その向こうに何者かの存在も感じることはなくなった。

水島「た、助かった……」

全身からどっと汗が吹き出るのを感じつつも、水島は自分がとりあえずは身の安全を確保できたことに再び安堵《あんど》した。
2階まで走り上がってきたのか、呼吸が荒い。
意識をして深呼吸をする水島。

水島「よし、大丈夫だ……大丈夫だ」

自分に言い聞かせるように二度つぶやき、あらためて逃げ込んだこの客室、桔梗の間を捜索することにした。

この和室も掛け軸があり床間がある。
やはり歴史ある旅館は一部屋一部屋に趣きと重さを感じさせる。

床間の隣に小箪笥《だんす》がある。
開けてみると、そこにはノートが。

水島「また、ノートか……」

慎重にノートをめくる水島。

「火影が生まれてこなければ……私はしあわせになれたのに。この村が大好きなのに。お父様お母さまに頼んで今度の祭りは私が主役になるはずだったのに……火影のせいで全部台無し……」

水島「ここでも、火影か。どうやらこの日記の書き主は火影の姉妹、なんだろうな」

さらにページをめくる水島。
そこには日記の書き主が「火影」という子をどれほど恨み、怖がっていたのかが記されていた。

「火影のやつ、今日も宿泊が失くし忘れた切符を探し当てて感謝された。お父様とお母様が嬉しそうに火影の頭を撫でている。」

「火影に会いたいといって東京からのお客が来たらしい。どうやら火影の力を取材するらしい。ばかばかしい。火影が笑って撮影されていた。腹立つ。」

「おばあちゃんが御墓参りに出るときに火影が『雨降るよ、傘持って』といって傘を渡した。昨日も一昨日も晴れで今朝も晴れているのに。でも、おばあちゃんが出て程なく雨が降ってきた。本当だった。おばあちゃん、火影へのご褒美にクッキーを買ってきて渡している。なんで火影だけ。」

「2年後のお祭りの頭首の話し合いがあった。もちろん、私のはずだ。お父様だってそう言っていたし。」

「火影が憎い嫌い大嫌い。なんであいつが選ばれるの！」

「お父様にお願いしたけどだめだった。お祭りの頭首は力があるものしかなれないと。火影だけが力あるなんておかしい。あいつはインチキしている。」

「火影の態度が気に入らない。そんなに力があるんなら試してやる。」

「おばあちゃんの財布を盗んで隠しておいた。おばあちゃんが慌てて探すけど見つからない。私が、火影が財布持っているの見たよ。火影ならわかるんじゃないって言ったらおばあちゃん、怒って火影を問いつめた。火影は知らないって言うけど、力があるんならどこにあるかわかるはずでしょ。怒られて泣く火影を見るのは楽しい。あとで私が火影の部屋にあったよって言ったら、お父様もお母様もカンカンだったわ。火影、私じゃない私じゃないって泣きわめいても無駄よ。」

「財布のことからおばあちゃんが火影を嫌うようになった。もともとそんなに気に入っていた感じじゃなかったけど、愉快だわ。」

「今度はおばあちゃんが大切にしていた、たしか、おじいちゃんからもらった夫婦こけしを隠してやった。けど、間違って落として折れて壊れちゃった。まあいいか、火影が悪いだし。こけしは火影の部屋に隠しておいた。」

「次の日、こけしが亡くなったのを気づいて、財布のとき以上におばあちゃんが怒っている。本当に大切なものだったんだ。どうしよう。でも、あいつがいけないんだから。おばあちゃん、真っ先に火影を叱った。いい気味よ。そう、全部、火影が悪いの。火影さえいなければ私がこんな思いをすることはないんだから！」

「どうしよう！」

「怖い、火影が怖い。次に殺されるのは私かも。だって、あいつ。」

「こけしが失くなっておばあちゃんに叱られたあの日、火影、おばあちゃんに「おばあちゃんなんて大嫌い、死んじゃえ」って言った。お父様もお母様も私もみんなが見ている中で。そうしたら……おばあちゃん……その場で倒れて……死んじゃった……。お父様とお母様がすぐに病院の手配をしたけど、おばあちゃん、まったく動かない。白目で泡吹いている。気持ち悪い怖い。火影のやつ、にやりと笑ったのを見た。そして、私の方を見た。怖い、怖い……。」

「火影のことは、もう、忘れる。」

「火影、許して……。」

水島「ふぅ」

日記を隅から隅まで読んだわけではないが、その内容に頭がパンクしそうになった。

とりあえず、これまでに起きたことをメモ帳で整理しようと思い、水島はバックからノートとペンを取り出し、箇条書きで書き出した。

旅館入り口ですれ違った女将
女将の手には痣
痣は炎のように見えた
ボイスレコーダーと宗二さん
旅館の秘密
誰かの（おそらくは蛍火と火影の母親だろう）日記に、この地区で起こった大火事の新聞記事
埋火様という存在
蛍火が埋火様を消す

埋火様は炎か
母親は左腕を犠牲
火影は霊能力がある
火影は言ったことが実現する
祖母が死んだ原因は火影の言霊か
火影は家族全員から怖がられていた
火影は家の中に閉じ込められた
火影は話せない
火影は従業員からも嫌われていた
泰海という従業員と火影は恋仲
泰海は呪い殺された
人民服の男
巫女
顔に痣がある
櫛（火影のもの）
祠

水島「これをどう結びつけるか、だよな……」

書き終えたメモを眺め見て考え込む水島。

水島「そうか、降霊術か！」

急ぎ降霊術を執《と》り行う水島。
灰が落ちた文字から読み取ると、「こ、え」が浮かび上がってきた。

水島「こ、え……声……あ、ボイスレコーダーのことか！」

水島は宗二が吹き込んだボイスレコーダーに続きがあることを思い出し、再生を始めた。

「……昔、この旅館で働いていた泰海という男は、旅館の娘と恋仲にあったらしいが、娘の父親に結婚をひどく反対されたという。その理由は、その娘を存在しないものとして扱っているから結婚などあり得ないと言われたらしい……ん、火？　なんでこんなところに火があるんだ……」

水島「宗二さんも火影と泰海の関係を突き詰めたのか。その娘を存在しないものとして、か」

2階は客室が並んでいる。
水島は襖を開けて隣の藤の間へと進んだ。

その部屋にも掛け軸がかかっていた。
ただ、他の部屋の掛け軸と異なるのは絵画ではなく書だった。
掛け軸に近寄り書かれた字を読む水島。
そこには
「埋火《うずみび》之《の》防人《さきもり》、絶即《ぜっそく》招大《しょうたい》火《か》」
とある。

水島「埋火とは防人、絶えると即大火を招く、という意味か？　うーん、わからない……なら、降霊術か」

さすがにこの回数を経験すると、不慣れな水島も降霊術がスムーズに執り行えるようになってきた。

灰が落ちた文字から読み取ると、「う、ら」が浮かび上がってきた。

水島「う、ら……裏、掛け軸の裏だよな……」

水島はゆっくりと掛け軸をひっくり返した。

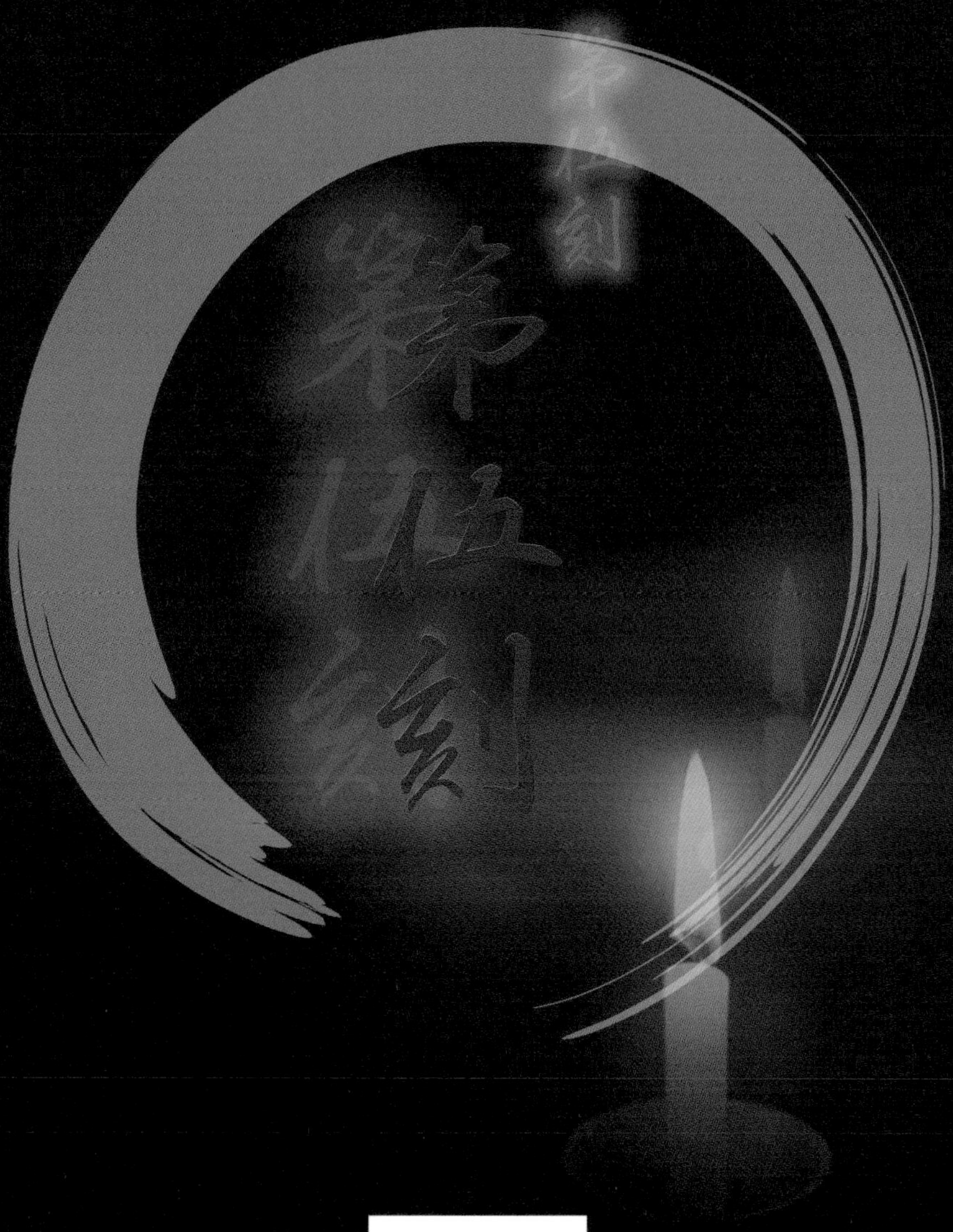
第伍剣
第伍剣

掛け軸の裏を見ると、そこには

「埋火は禍の水でしか消せない。他の方法で消すと呪いをもらう」

と記されてあった。

水島「これが、埋火様の呪いなのか」

それまでも散らばっていたメモが徐々に一つの物語にまとまりつつあることを感じた。

客室はまだつながっているが、まずはもとの和室に戻ろうと襖《ふすま》に手をかけたとき

バン！

バン！

バン！

バン！

と奥の部屋の襖がどんどん開いていく。
水島が懐中電灯を照らすと、その一番奥の部屋に、襲ってきたあの巫女《みこ》が立っていた。
巫女はゆっくりゆっくりと水島に迫ってくる。
両腕はだらりと垂れ下がったままだ。

と、急にそのスピードが速くなった。

水島「う、うわぁー！」

水島は急ぎ廊下に出て、階段を駆け下りる。
どの部屋に入るか何も考えられず、目に付いた部屋に飛び込む水島。

巫女も追いかけてくる音が聞こえたのだが、この部屋に入ったとたんに音もなくなり、その存在も感じることなくなった。

水島「また、助かった、のか……」

乱れた息を整えつつ、飛び込んだ部屋の中を照らす。
すると、足元にこけしがあるのを気づく。

水島「こけし……祖母のこけし……」

日記にこけしと記されたあったことが頭によぎり、しゃがみ、こけしを手に取る水島。
その瞬間、まばゆい光に包まれた。

足枷《あしかせ》をつけられた女の子がいる。

その隣には男の子（これは中庭で見た男性だ！）

二人に会話はないが、見つめあっては微笑《ほほえ》み合い、手まりで遊び、また、手のひらで文字を書きあったりしている。女の子は鼻歌でハミングしている（このフレーズは旅館に入った直後に聞いたやつだ。それと、この二人、いや、女の子は話せないのか？　しそうか、この子が火影か！　ということは男性が泰海だな）

二人はお互いに夫婦こけしを渡し合う（このこけしのことか！）

ハミングが終わるころ、またもまばゆい光に包まれ目を閉じ、開けると、もとの部屋であった。

水島「ど、どういうことだ、これは……この、こけしが過去の記憶を見させてくれたのか……つ、つまり、火影と泰海の二人の恋を成就さ

せないといけないってことなのか……ど、どうすればいい
……こ、降霊術か」

水島は暗い中、降霊術を執《と》り行った。気がつけば、これが最後の降霊術布であった。

水島「頼む、教えてくれ……！」

水島は強い願いをかけて霊からのメッセージを待った。

灰が落ちた文字から読み取ると、「ほ、こ、ら」がはっきりと浮かび上がってきた。

水島「ほ、こ、ら……祠か！」

水島は確実に埋火の呪いの答えに近づきつつあることを感じた。

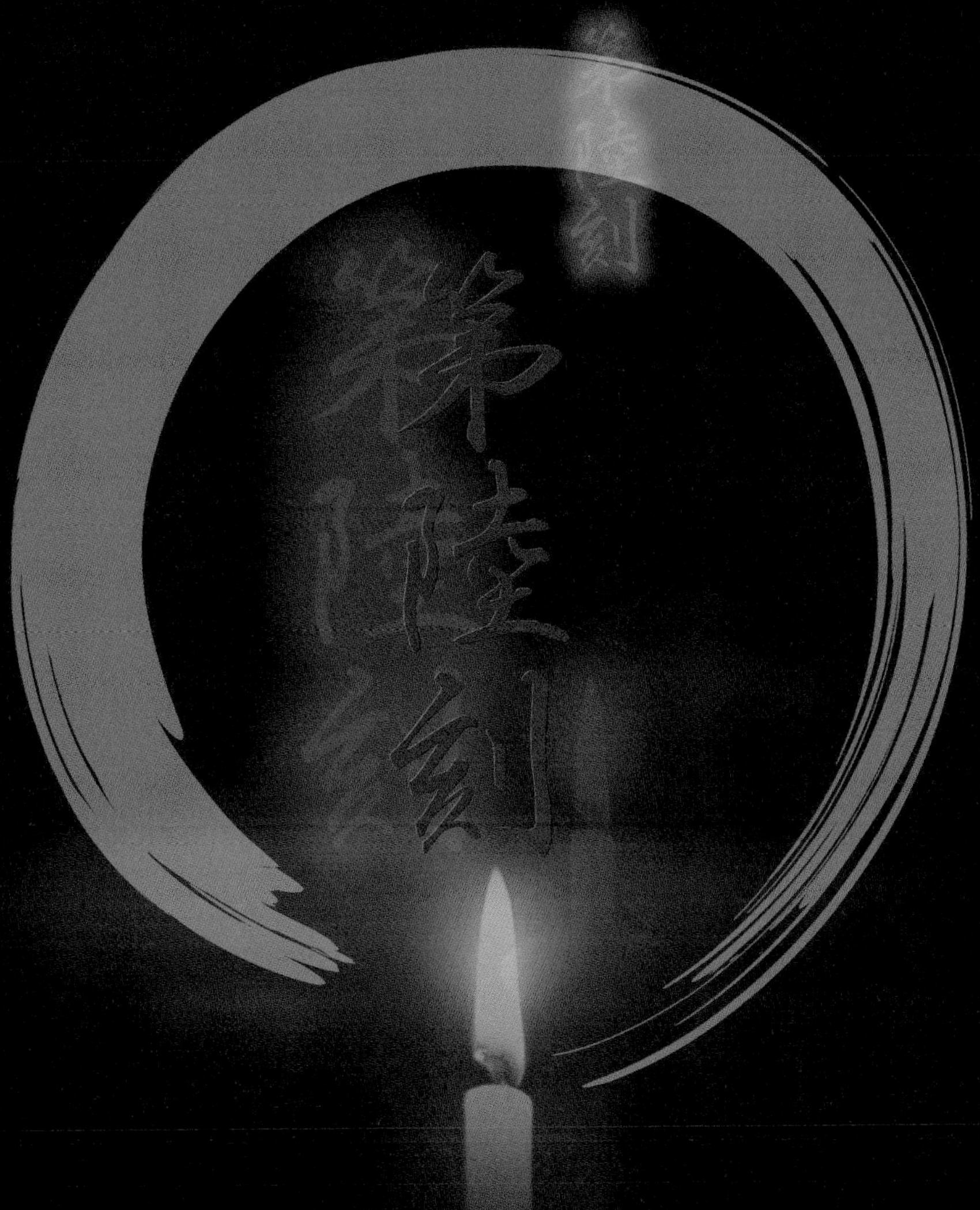
第陸剣
第陸剣

旅館を出て、祠《ほこら》へと向かう水島。
祠の傍には人民服の男性、つまり、泰海が立っていた。

先ほどの過去映像を見ていたせいか、怖さよりも親しみを覚えていることに気づく水島。

泰海「この鈴を授けます。鈴の鳴る方へ行くとよいです。そこにこの家を呪っている埋火があります。埋火を消すには、必ず祠の水を使ってください。それを守らないと、私のように死んでしまいます」

鈴を受け取る水島。
祠を調べるとその奥に小瓶がある。

泰海「祠の水を持つものには、鈴の音が聞こえます。鈴の音が埋火の場所まで導いてくれます」

水島は黙ってうなずき、ゆっくりと後にした。

あらためて旅館玄関から入る水島。
確かに鈴の音が聞こえる。
儚《はかな》くも美しい音色だと水島は思った。

鈴の音に導かれて、水島は牢屋《ろうや》のような頑丈な鍵がかかった部屋の前にたどりつく。
鍵自体は施錠されておらず、扉はいともたやすく開いた。

水島「こ、ここが、埋火の部屋か」

意を決し部屋へ入る水島。

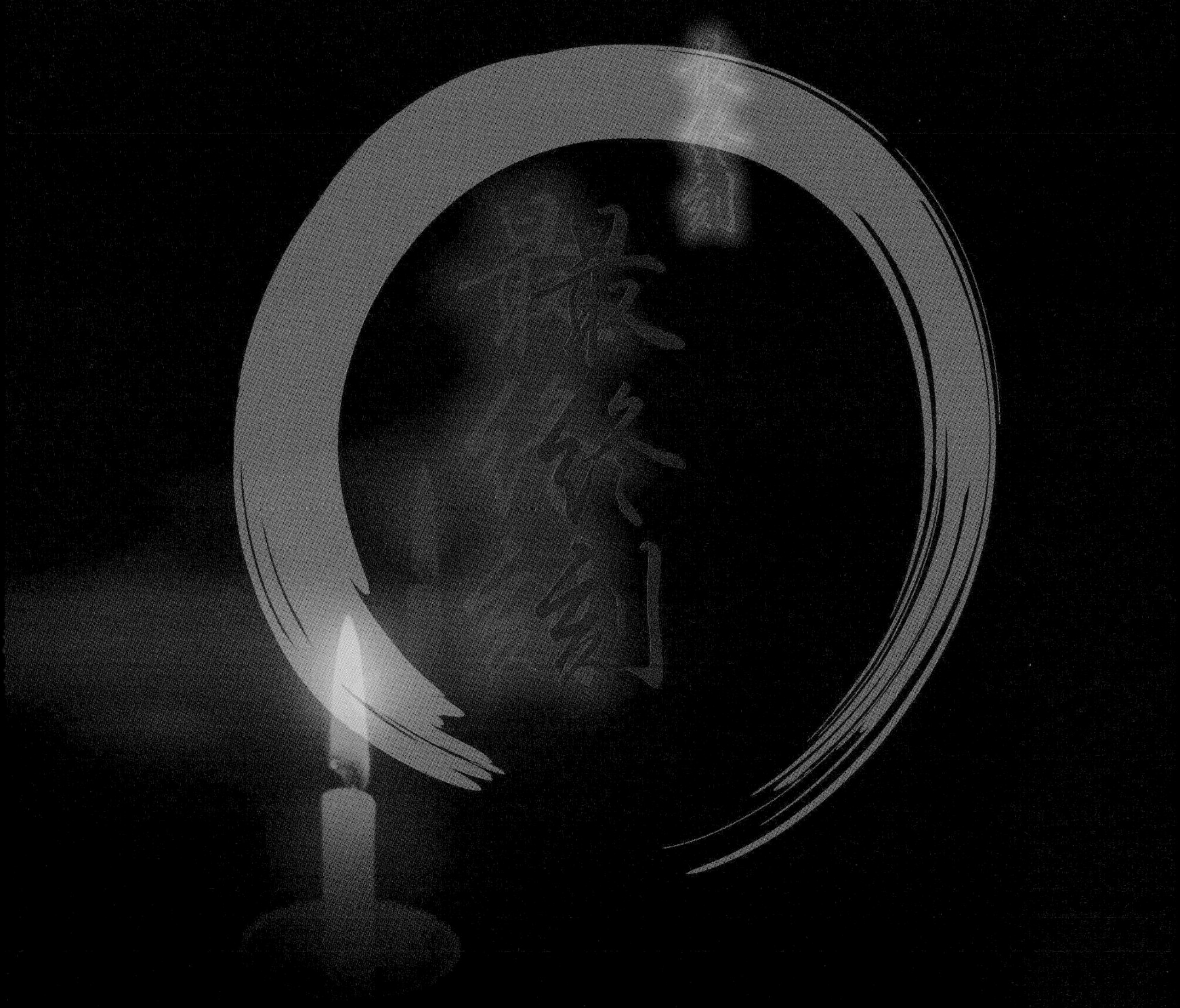

その部屋にはただ一つ、大きな皿に浮かぶ小皿があり、その小皿には炎が灯《とも》っていた。

水島「これが埋火なのか」

弱々しく、だが、決して消えることのないような存在感を覚えた。
泰海の言葉の通りに水島は祠《ほこら》の水を埋火にかける。小瓶のためほんの数滴であったが、炎はパッと消えてしまった。

真っ暗な部屋がふいに柔らかい明かりに包まれた。
水島は埋火から目を離し、顔を上げると、そこには火影と泰海が立っていた。
火影の顔は痣《あざ》もなく綺麗《きれい》な顔立ちであった。

火影「なんで私を置いて結婚してしまったの？　私あなたのことが大好きだったのに」

泰海「私は結婚なんてしていませんよ。
火を見つけて……気が付いたらまわりに火を点けてそこに……。
私はあなたのことが最後まで大好きでした。

ただ、旦那さんと約束をしたんです。あなたと一生かかわらないことを。さようなら」

そう言い残して立ち去ろうとする泰海。


火影「待って！

なんであなたはいつもそうなの？　勝手に判断して。今度こそ私を連れて行って！　私も一緒に行くから！

今度は一緒になろうよ！」


立ち止まり、火影の隣に立つ泰海はうなずく。

泣きながら泰海の胸に顔を埋める火影。

火影をそっと抱きしめる泰海。


やがて顔を上げた火影は泰海と手を取り合い、水島の隣を抜けて、部屋を出ていった。

水島はただそれを眺めているだけであった。

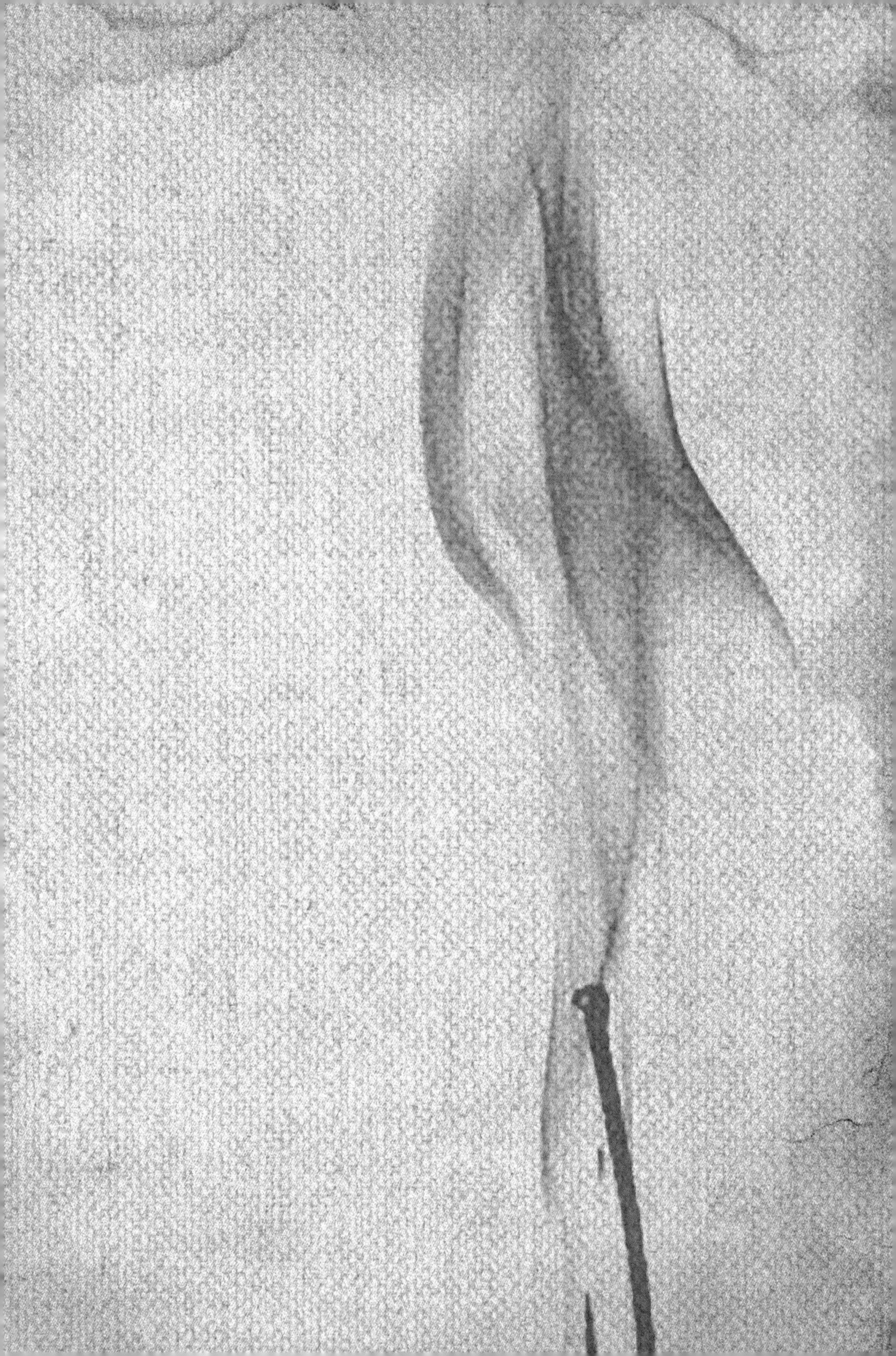

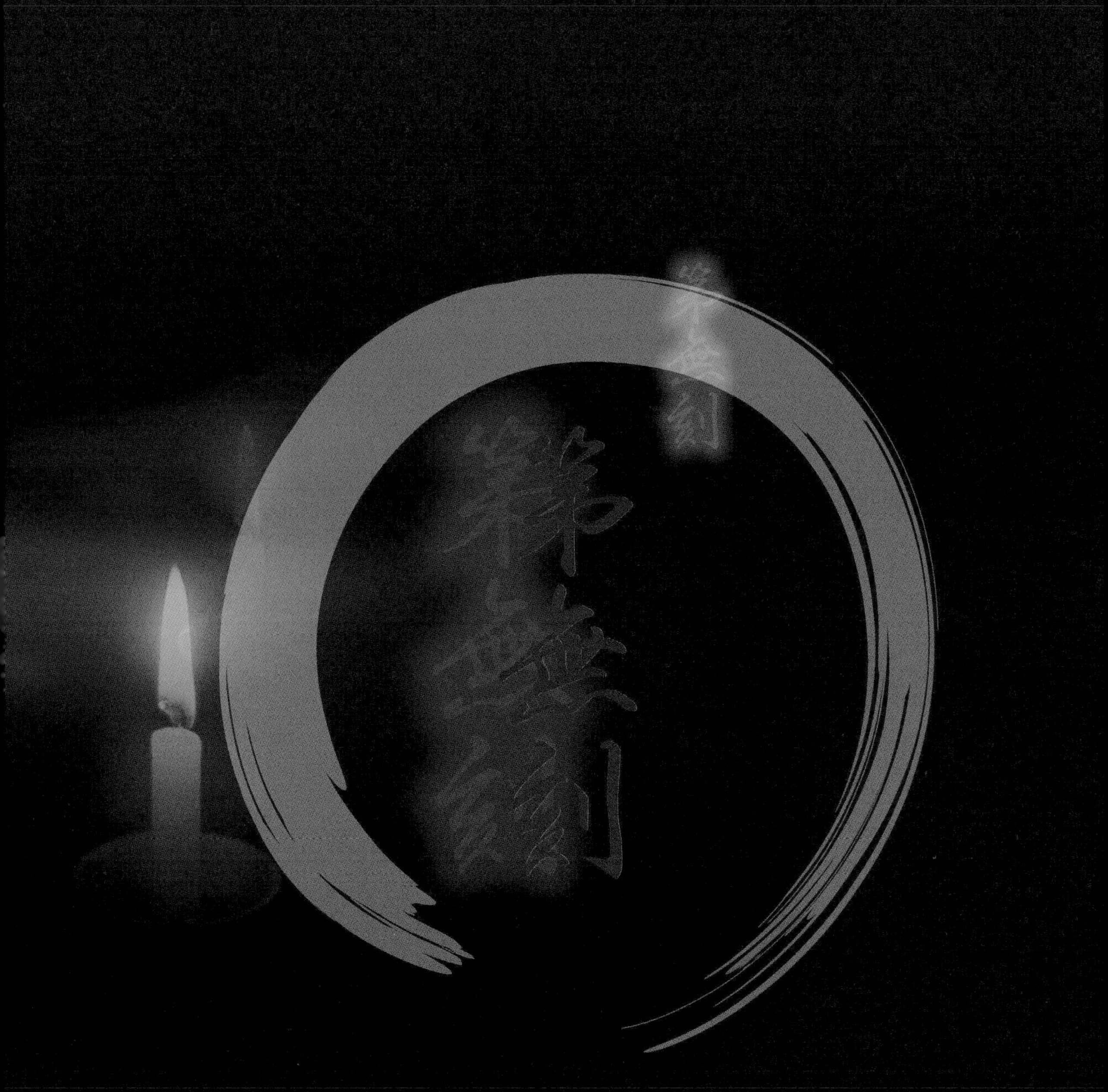

羽黒旅館での怪異現象から数日後、水島は京明のもとを訪れた。

橋本「無事に、戻ってこれましたね、水島さん」

水島「はい、京明先生のおかげです。ありがとうございます」

橋本「羽黒旅館で起こったこと、話してくれますよね？」

水島「ええ、そのために来たのですから……」

水島は羽黒旅館での事の経緯を京明に余す事なく伝えた。
京明はただ黙ってやさしく相槌《あいづち》を打っている。

水島「これ、京明先生が持っていてもらえませんか？」

すべてを話し終え、羽黒旅館で泰海から渡された鈴を京明に手渡す水島。
事件は解決したのだが、それでもこの鈴を手元においておくのは気味が悪いと感じたからだ。

黙って鈴を受け取る京明。

と、京明が何かに気づいた。

橋本「水島さん、あなた、火傷の痣《あざ》なんてありましたっけ？」

水島「え!?」

自分の右手を見る水島。

そこには炎の痣がくっきりと残されていたのだった。

埋火　了

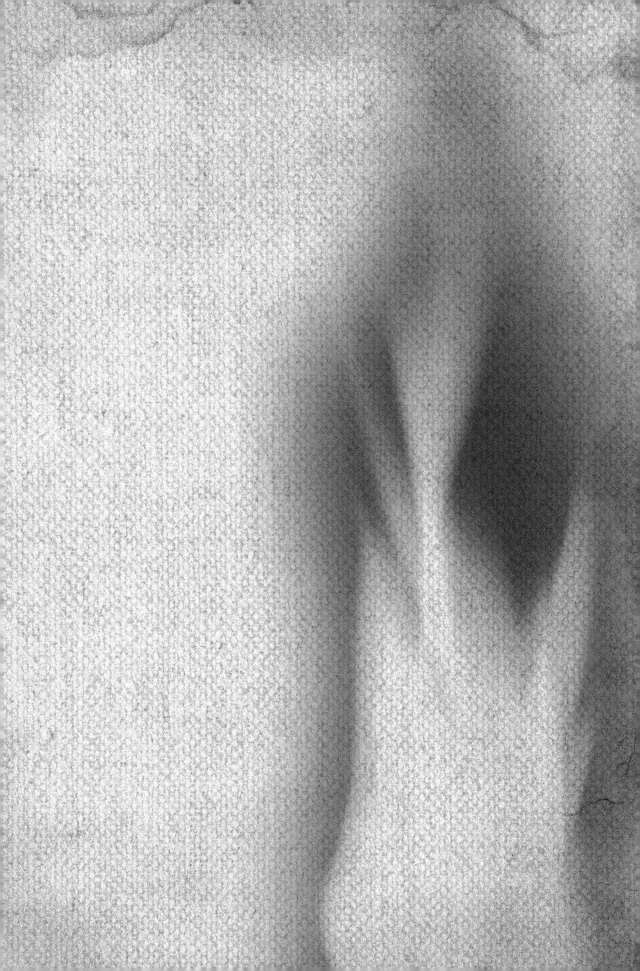

巻末一

京明流降霊術を さらに究めるための水島圭吾メモ

京明流降霊術についての橋本京明との一問一答

水島圭吾「京明先生、降霊術の方式は理解できました。ただ、実際、執《と》り行うに当たっての注意事項といいますか、気をつけるべき点などを一問一答形式でお訊《き》きしたいのですが、いいですか？」

橋本京明「はい、もちろん、いいですよ」

水島「ありがとうございます。それではよろしくお願いします。そもそも、降霊術で呼び出せる霊の種類はどのようなものなのですか？　種類というとわかりにくいですかね……例えば、自分の先祖など親族のみなのか、それとも会ったことはないけれど名前だけ知っている著名人や偉人なども呼び寄せることができるのですか？」

京明「降霊術の方式で『早馳風の神　冥界と取り次ぎたまえ』と唱えますよね。この『冥界』を『〜〜』と変えればいいのです。『私の曽祖父、水島龍三郎』とか。著名人や偉人もできないことはないですが、縁遠いですからね。よっぽどの霊力がある人以外は無理だと思います」

水島「呼ぶのは一人だけなんですか？　複数人でもできますか？」

京明「方式の『〜〜』を複数で呼べばいいのです。『私の曽祖父、水島龍三郎とその妻、たみ』といったふうにです」

水島「それじゃあ……外国人は？」

京明「できません。魂が『ここ』にないからです」

水島「なるほど。人間はわかりました。動物、ペットの霊とかは呼び寄せることができるのですか？」

京明「習熟して力をつけないと難しいと思います。遺影や位牌を近くに置いてならば可能性は高まりますが。それと、ご飯を用意することです。霊はご飯があると『食べに行かないといけない』と思うらしく、ご飯とお水をあげるとよく来ます」

水島「長年愛用していたモノは?」

京明「モノに魂は宿りませんので呼べません」

京明『霊を呼ぶ』という話になりましたので、少し補足しておきます。霊を呼ぶには力、霊能力が必要なのですが、それは修行如何《いかん》によって変わってきます。例えば、先日、青森県恐山方面での仕事があり、私と弟子で向かいました。弟子が呼び寄せると50体ほどの霊が出てきました。弟子の霊力と恐山という土地のエネルギーだからでしょうか。私が行うと200体以上寄ってきました」

水島「200体!」

京明「はい、これが霊力の違いです。呼び寄せるというのは、その人を中心点として、こうぐるっと霊力が届く範囲のところの霊を呼び寄せるのです」

〈霊を呼び寄せる範囲〉

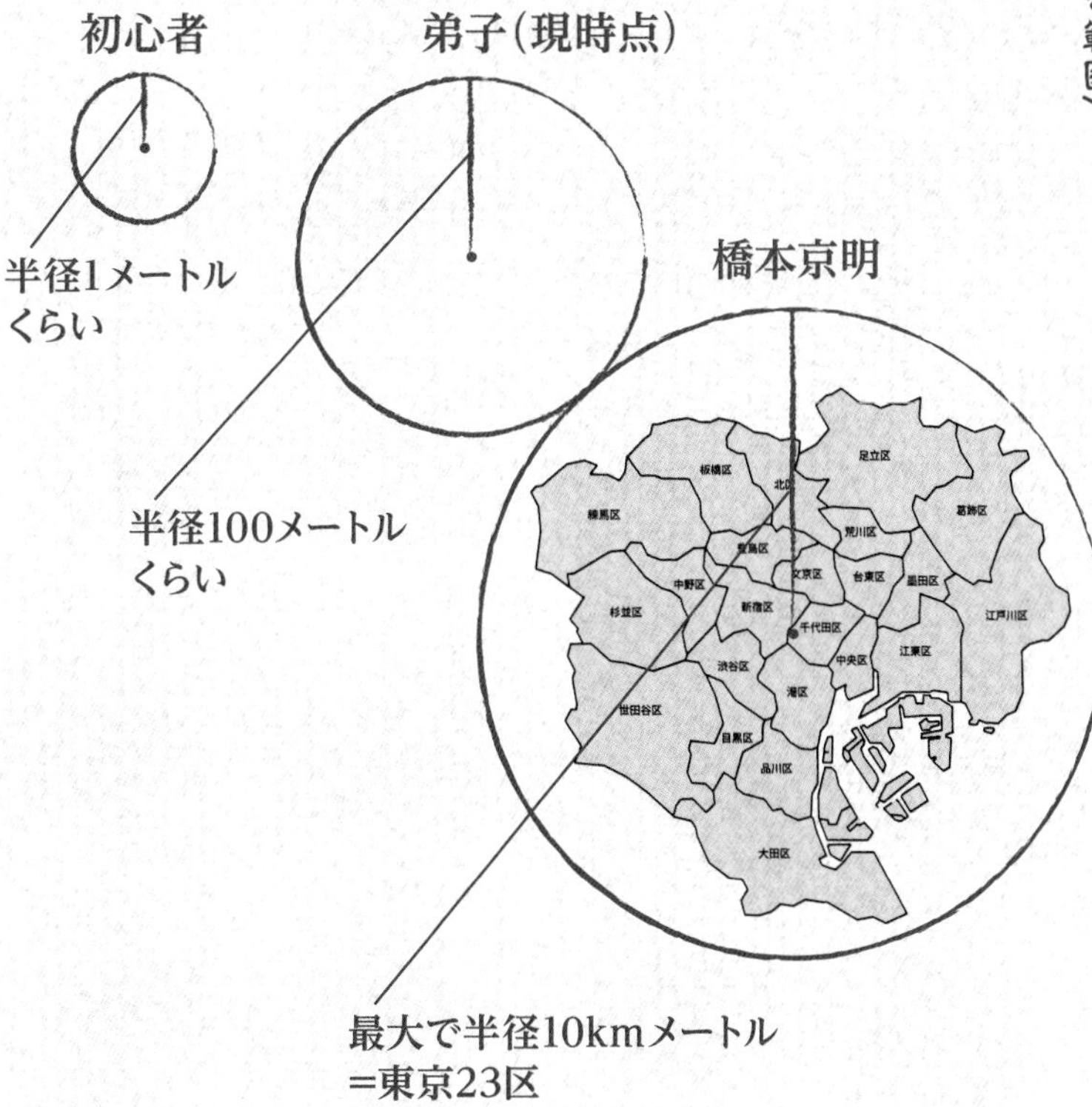

水島「東京23区がすっぽりと入りますよ！　凄いです！」

京明「ただ、勘違いしてほしくないのは、これだけの霊が集まると、その対処が大変なのです。なかには自分に危害を加えようとする霊もいるわけですから」

水島「どうするのですか？」

京明「防ぎ守るしかありません。そこでお札が重要になってくるのです。私はいつもお札を服の内側に隠し入れておいています」

水島「仮に降霊術をやっている最中に、気分が悪くなった場合は、どうすればいいですか？」

京明「すぐにやめるべきです。とはいえ、方式の途中でやめると霊も驚きますから『急なお願い事ですが、おかえりください』と伝えて終わりにしてください。

それと、蝋燭《ろうそく》の炎を消す際は、目を閉じてください。これは、炎が消えて、部屋が真っ暗になった瞬間に霊が見えてしまう可能性が高まるからです」

水島「降霊術の最中に異臭や異音を感じた場合は？」

京明「その場合もやめるべきです」

水島「降霊術の最中に部屋に人が入ってきたり、携帯が鳴ったりした場合は?」

京明「自分以外の人が入ってきた場合はすぐに出ていってもらうようにお願いをして、方式を続けてください。電話は出なくても構いません。降霊術を始める前に携帯電話の電源はオフにしておいてください」

水島「人が入ってきたら出て行ってもらう、ということは、みんなが見ている前で降霊術を行うことはダメですか?」

京明「ダメではありません。ただし、オススメもしません。というのは、人がいるとその分、念が混ざってきて失敗しやすいのです」

水島「自分ひとりカメラで撮って、YouTubeなどにアップしてもいいものですか?これだと他の誰もいない状況にはなりますが」

京明「自分ひとりで撮る分には問題はありません。ただ、それを残して何がしたいかという疑問は残ります。反対に私が尋ねたいくらいです『どうするんですか? それを』と。

それと、YouTubeなどへのアップですが、結果として他人の目に触れられることになります。降霊術は霊との一期一会の経験だと私は考えています。記録に残すのではなく記憶に残るように真面目に行ってほしいです」

水島「霊との一期一会ですか。確かに『後で見よう』なんて思うといい加減にやるかもしれませんしね」

京明「霊が映っている（写っている）というのは、怖さもあります。大袈裟《おおげさ》ではなく、『呪い』をもらうことですから」

水島「『呪い』！　怖いですね……それでは、降霊術で絶対に『これはやってはいけない』というタブーはあるのですか？」

京明「蝋燭と線香に息を吹きかけて消すことです。これは絶対にやってはいけません。あとは方式の手順通りに進めることです。省略したり順番を変えたりしてはいけません。はじめのうちは時間がかかってぎこちないかもしれませんが、それでも決められた流れにそって行うことが大事です」

水島「はい、肝に銘じておきます。では続けてお訊きしたいと思います。先ほど、『呪い』という話がありましたが、降霊術を行うことで誰かを呪うことはできるのですか？」

京明「それはできません」

水島「ギャンブル、例えば競馬で的中馬券を教えてもらうことはできますか？」

京明「それもできません。そもそも、どの霊が来るかわかりませんから、もし、来た霊が競馬にまったく詳しくなかったら、チンプンカンプンな回答になると思います。大金を得るために行いたいと考える人もいるでしょうが、その気にならない方がいいです。私利私欲に走ってはいけません」

水島「ということは未来予測や予知も……」

京明「霊は未来を知りません。霊が知らないことを訊いた場合、誤ったメッセージとして出てくるはずです。

勘違いされる方もいますが、降霊術は占い（卜占《ぼくせん》）ではありません。あくまでも呼び寄せた霊が知っていることを受け取るものです」

水島「未来ではなく過去のこと、自分の前世とかは?」

京明「知っている霊ならば教えてくれるでしょうが、かなりあやふやなものだと思います」

水島「知っていることならば教えてくれるんですね。となると、自分以外のことを訊いて、それを霊が知っているのならば」

京明「教えてくれるでしょう」

水島「降霊術で呼び寄せる霊と仲良くなることはできるんですか? 常に同じ霊を呼び寄せて、仲良くなると、もっといろんなこと教えてくれそうな気がして……」

京明「仲良くならない方がいいです。なぜなら、お祓《はら》いができなくなるからです。それと、毎回、同じ霊を呼び寄せることは霊力が高い人以外は不可能だといえます」

水島「降霊術はだいたい1時間程度だったと思います。長時間行うことや、一日に何度も行うことは問題ないのですか？」

京明「6回までは問題はありません。ただし、普通の人は精神力が6回分ももたないと思います」

水島「降霊術の精度というか力を高めるためには何をしたらいいですか？　何か特別な信仰心や宗教観などが必要なのでしょうか？」

京明「これは大切なことなので強く言いますが、誰でも霊能力はあるのです。霊のメッセージは当初はわけがわからないかもしれません。ただし、経験を重ね、修行を続けるうちに自ずとわかるものなのです。変換する力だと思ってください。

そして、その力を高める方法ですが、一番簡単なのは座禅です。毎日最低でも30分は座禅で心を落ち着かせるようにしてください。

また、具体的なトレーニング法としては自分から3メートルほど離れた場所に太くて大きい蝋燭を2本立てて、自分と蝋燭2本の三角形を作ります。そして、顔を正面に向いたまま、目だけで右左の蝋燭の炎を凝視するのです。それぞれ10分行ってください。このとき、蝋燭の炎のさらに奥を見るような気持ちで行うとよいでしょう。

宗教や信仰心については、また別の話だと思いますが、どのようなお考えの人でも降霊術は行えるはずです」

水島「ありがとうございます！」

京明「ところで……京明流降霊術は、使い方によっては、実は、凄いことができるんですよ……」

水島「え!?　それは……なんですか??」

京明「ふふ、それは…………またの機会に」

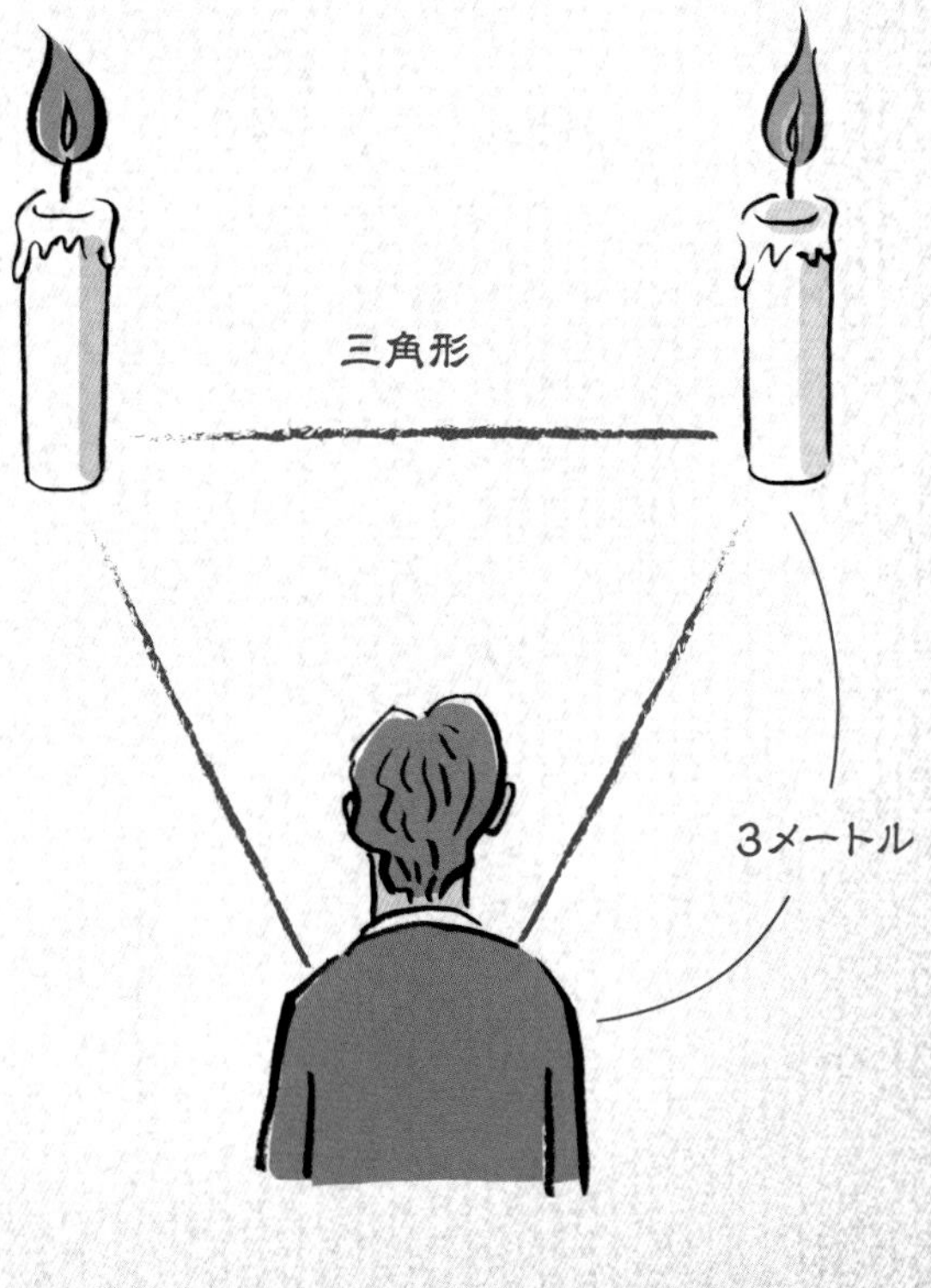

降霊術（こっくりさん）についての覚え書き

「降霊術」とは「こっくりさん／コックリさん／狐狗狸《こっくり》さん」と同義のことだといえる。
西洋では「テーブル・ターニング」や「ウィジャボード」としても知られている。テーブル・ターニングはかのレオナルド・ダ・ヴィンチが著者で触れられていたことからすると、15世紀のヨーロッパでは広まってと思われる。ただし、その明確な起源は不明だ。もう一つのウィジャボードは、その歴史は古く、紀元前540年のピタゴラスの時代にまで遡《さかのぼ》ることができるという。

ピタゴラスがいた古代ギリシャ以外の国でもこのような道具や儀式は見られたという。中国ではその紀元前550年より前に、死者との対話のために降霊術やウィジャボードと似た道具を使っていたとされ、ローマでも3世紀にはウィジャボードと似た道具が広まっていたという。

13世紀になるとタタール地方でモンゴル人が、またコロンブスが発見する以前の北米でも原住民が行っていたといわれている。

どのような文化的背景や宗教観、価値観を持つ国々、民族であっても、「霊との対話」

は生まれるべくして生まれたものなのかもしれない。

時を経て1850年以降になると、フランスで一般大衆でも使えることのできる大量生産のウィジャボードが製造され、それはアメリカに渡り大ヒット商品となった。

日本にウィジャボード、つまりはこっくりさんが紹介されるようになったのは明治時代の初期である1884年、アメリカの船員が自国で大流行していたテーブル・ターニングを漂着した伊豆半島下田沖の住民に見せたことがきっかけだとされている。

だが、それよりも以前、江戸時代中期（1700年代）には民衆の間でウィジャボードに似た儀式が流行っていたという記録もある。

日本では1970年代になると少年少女を中心とした大ブームとなり、社会問題にまで発展したのは記憶に新しいところだ。

諸外国でもこっくりさん的な儀式は多数見られる。それは、先のウィジャボードと同様だからだ。いくつか列記すると、中国・山東省の「竜神占い」、アフリカ・コンゴの「ウンパパ」、中南米・ジャマイカの「サルパ」、南米・ブラジルの「黒い密教」・「カンドンブレー」・「ウンバンダ」・「キンバンダ」・「シーザブランカ」・「パチュペ」、東欧・ハンガリーの「カオレ」などがある。

参考文献

『西洋版コックリさん　ウィジャ招霊術』マーク・ハント著、吉野博高訳（二見書房）

『狐狗狸さんの秘密　君にも心霊能力を開発できる』中岡俊哉（二見書房）ほか

テーブル・ターニング

ウィジャボード

著名な霊能力者の紹介

長南年恵（おさなみ（ちょうなん）・としえ）

庄内高畑（現在の山形県鶴岡市）出身。1863年12月6日生まれ、1907年10月29日逝去。子守奉公のかたわら、予言めいたことを口走るようになり、住民の相談を受けるようになる。神水（霊水）と呼ばれるものを空気中から取り出し、密閉した空の一升瓶に詰め、それを病に苦しむ人に与えたという。この行為が医師資格のない治療行為に当たるとされて、逮捕勾留されたが、証拠不十分で無罪判決となる。勾留期間中も一切食事を取らず、排泄もしなかったといわれている。

御船千鶴子（みふね・ちづこ）

熊本県宇土郡松合村（現在の宇城市不知火町）出身。1886年7月17日生まれ、1911年1月19日逝去。透視能力を持ち、手かざしで治療を行うことで評判を呼び、東京帝国大学助教

授の福来友吉博士立ち合いのもと、透視実験を行い、実験を成功させる。その後、世間からの好奇の目と激しい攻撃に耐えられず自殺。

三田光一（みた・こういち）

宮城県気仙沼市出身。1885年生まれ、1943年逝去。御船千鶴子を見出した福来友吉博士によって取り上げられる。1933年に福来友吉発案により、当時では不可能とされていた月の裏側を念写したことで知られる。

森下辰夫（もりした・たつお）

大阪府出身。1904年生まれ、1970年逝去。1928年に京都帝国大学文学部を卒業後、外資系企業や外国語学校に勤め、1938年に満州建国大学教授となる。1941年に霊能力を得たと確信するが、敗戦後は公職追放に遭う。没後に英文未発表の『心霊問題と人間』が発表された。

京明流降霊術以外でのこっくりさん

本書で紹介している京明流降霊術の方式で、正しく執《と》り行うことをオススメしていますが、ここではより簡便な方法を紹介します。

巻末にあるこっくりさん用紙をコピーして使ってください。

用紙2と3は同様に使えます。お好きな方を使ってください。

なお、こっくりさん用紙2の「はい」と「いいえ」の間にはあなたの生まれた年（干支）から導き出された梵字《ぼんじ》を記入してください。

子年生まれ　千手観音菩薩

丑・寅年生まれ　虚空蔵菩薩

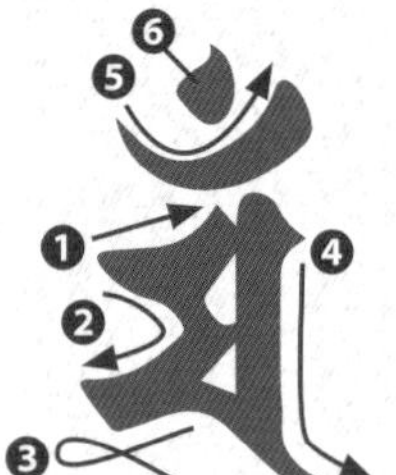

卯年生まれ　文殊菩薩

申年生まれ　不動明王

辰・巳年生まれ　普賢菩薩

戌・亥年生まれ　阿弥陀如来

午年生まれ　勢至菩薩

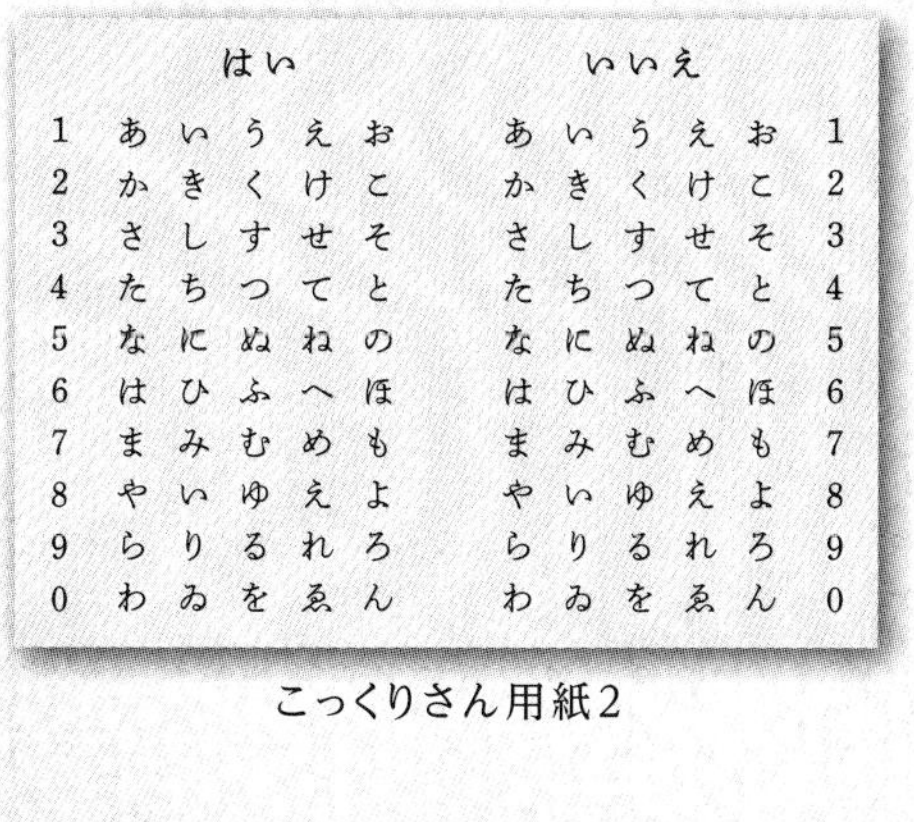

		はい					いいえ				
1	あ	い	う	え	お	あ	い	う	え	お	1
2	か	き	く	け	こ	か	き	く	け	こ	2
3	さ	し	す	せ	そ	さ	し	す	せ	そ	3
4	た	ち	つ	て	と	た	ち	つ	て	と	4
5	な	に	ぬ	ね	の	な	に	ぬ	ね	の	5
6	は	ひ	ふ	へ	ほ	は	ひ	ふ	へ	ほ	6
7	ま	み	む	め	も	ま	み	む	め	も	7
8	や	い	ゆ	え	よ	や	い	ゆ	え	よ	8
9	ら	り	る	れ	ろ	ら	り	る	れ	ろ	9
0	わ	ゐ	を	ゑ	ん	わ	ゐ	を	ゑ	ん	0

こっくりさん用紙2

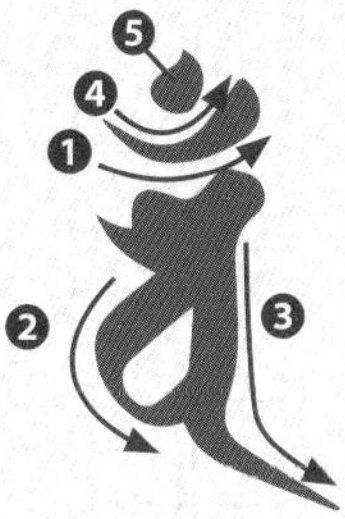

未・申年生まれ　大日如来

簡便な方法

①線香3本を二つに折って、灰を落とす。

②蝋燭《ろうそく》を垂らす。

③六文銭（和紙に円の中央に四角く穴を抜いた一文銭を6枚書いて切り取ります）を投げる。

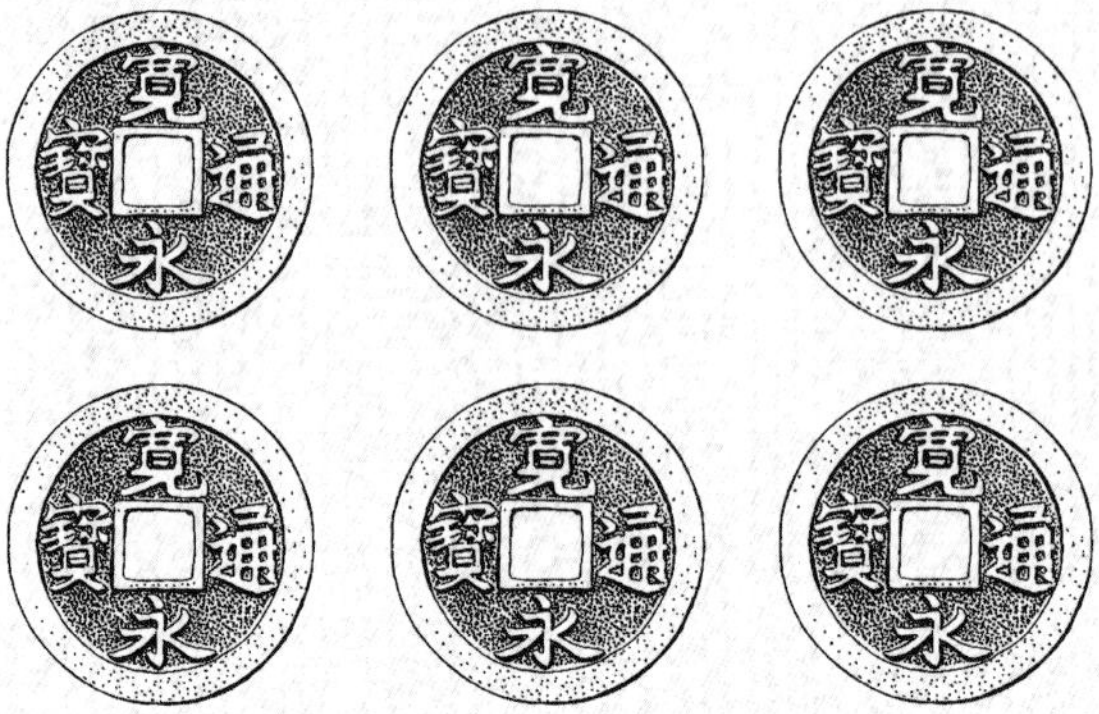

④葉っぱ（和紙に葉っぱの形を描き、それを切り抜いて使います。枚数は合計17枚用意します）を振りかける。

巻末には、京明流降霊術のための道具を掲載しています。
切り取って自由にお使いください。
妙法蓮華経観世音菩薩普門品偈は降霊術の際のお守りとなります。
こっくりさん用紙2枚は切り取り後、コピーしてお使いください。
六文銭は切り取り後、コピーしてお使いください。

おわりに

本書ではこれまで秘儀とされていた京明流降霊術を解禁しました。

私は常々、「人は誰もが霊を見える。けれど、そのことを自覚していない。これはなんてもったないことなのか」と思っています。

これまでの経験からして、1か月もあれば（真面目に修行をしたらという前提ですが）霊は見えます。とはいえ、修行をするのは辛い、大変だ、という方も多いでしょう。

そういうときに、この降霊術が最適なのです。

何度も説明しましたが、手軽に気軽に、ただし、手順を守り、真面目に降霊術を行ってみてください。

あなたにとって新たな一歩が始まるはずです。

最後に……今回、ご紹介しました京明流降霊術は、あくまでも秘儀秘伝の一つです。
霊能力の三段階をお話ししたと思いますが、それぞれに秘儀秘伝はあるのです。
ちょうど、三棚の本棚に巻物が並んでいるというイメージでしょうか。

〈本棚巻物図〉

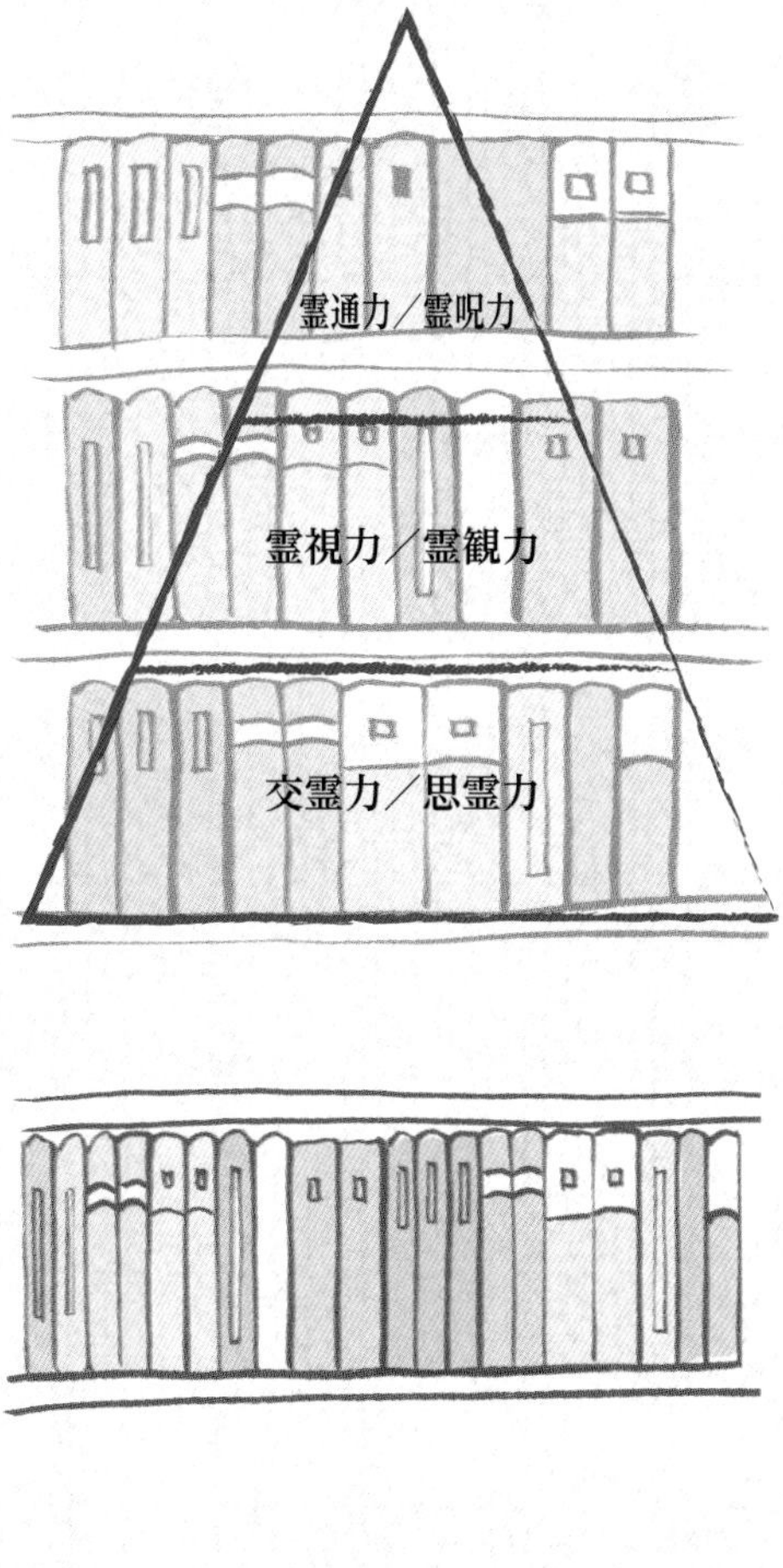

それぞれ10巻あり、この三棚とは別の棚で20巻あります。
これらのお話は、またの機会にしたいと思います。
どうぞお楽しみに。

日本最後の陰陽師　橋本京明

橋本京明
（はしもと・きょうめい）

福島県郡山市生まれ。神官の家系に生まれ、幼い頃から霊視・予知をするなど不思議な力を持つ。８歳で四柱推命をはじめとする各種占術を学ぶ。その後、心的鍛錬のために金峯山寺や比叡山行院などでも修行を積み重ねる。会社員と併走して占い師として活動。2008年に地元、郡山にて「橋本京明オフィス」を開業。驚異的な的中率が話題となり、テレビや雑誌など各メディアに紹介される。拠点を東京に移してからも個人鑑定は続け多くの悩める人を解決へと導く。自身のYouTubeチャンネルは登録者25万人を超える。2021年７月よりニコニコ動画でも橋本京明チャンネルを開設。著書に『霊供養』（説話社）をはじめ多数。

橋本京明オフィシャルサイト
＜ https://www.last-onmyoji.jp ＞

埋火《うずみび》 ひとりこっくりさん

発行日	2021年8月25日　初版発行
著　者	橋本京明
発行者	酒井文人
発行所	株式会社説話社
	〒169-8077　東京都新宿区西早稲田1-1-6

企画協力	水島圭吾
書（題字）	飯塚華香
イラスト デザイン	市川さとみ
印刷・製本	中央精版印刷株式会社

ISBN 978-4-906828-77-7 C0011

本書を参考に降霊術（ひとりこっくりさん）を執《と》り行い、いかなる結果がもたらされても、出版社ならびに著者は一切の責任を負いかねますので、あらかじめご了承ください。

妙法蓮華経観世音菩薩普門品偈

世尊妙相具　我今重問彼　佛子何因縁　名爲觀世音　具足妙相尊　偈答無盡意
汝聽觀音行　善應諸方所　弘誓深如海　歷劫不思議　侍多千億佛　發大清淨願
我爲汝略説　聞名及見身　心念不空過　能滅諸有苦　假使興害意　推落大火坑
念彼觀音力　火坑變成池　或漂流巨海　龍魚諸鬼難　念彼觀音力　波浪不能沒
或在須彌峯　爲人所推墮　念彼觀音力　如日虛空住　或被惡人逐　墮落金剛山
念彼觀音力　不能損一毛　或値怨賊繞　各執刀加害　念彼觀音力　咸即起慈心
或遭王難苦　臨刑欲壽終　念彼觀音力　刀尋段段壞　或囚禁枷鎖　手足被杻械
念彼觀音力　釋然得解脱　呪詛諸毒藥　所欲害身者　念彼觀音力　還著於本人
或遇惡羅刹　毒龍諸鬼等　念彼觀音力　時悉不敢害　若惡獸圍遶　利牙爪可怖
念彼觀音力　疾走無邊方　蚖蛇及蝮蠍　氣毒煙火燃　念彼觀音力　尋聲自迴去
雲雷鼓掣電　降雹澍大雨　念彼觀音力　應時得消散　衆生被困厄　無量苦逼身
觀音妙智力　能救世間苦　具足神通力　廣修智方便　十方諸國土　無刹不現身
種種諸惡趣　地獄鬼畜生　生老病死苦　以漸悉令滅　眞觀清淨觀　廣大智慧觀
悲觀及慈觀　常願常瞻仰　無垢清淨光　慧日破諸闇　能伏災風火　普明照世間
悲體戒雷震　慈意妙大雲　澍甘露法雨　滅除煩惱焰　諍訟經官處　怖畏軍陣中
念彼觀音力　衆怨悉退散　妙音觀世音　梵音海潮音　勝彼世間音　是故須常念
念念勿生疑　觀世音淨聖　於苦惱死厄　能爲作依怙　具一切功德　慈眼視衆生
福聚海無量　是故應頂禮

	はい						いいえ				
1	あ	い	う	え	お	あ	い	う	え	お	1
2	か	き	く	け	こ	か	き	く	け	こ	2
3	さ	し	す	せ	そ	さ	し	す	せ	そ	3
4	た	ち	つ	て	と	た	ち	つ	て	と	4
5	な	に	ぬ	ね	の	な	に	ぬ	ね	の	5
6	は	ひ	ふ	へ	ほ	は	ひ	ふ	へ	ほ	6
7	ま	み	む	め	も	ま	み	む	め	も	7
8	や	い	ゆ	え	よ	や	い	ゆ	え	よ	8
9	ら	り	る	れ	ろ	ら	り	る	れ	ろ	9
0	わ	ゐ	を	ゑ	ん	わ	ゐ	を	ゑ	ん	0

	はい					いいえ					
1	あ	い	う	え	お	あ	い	う	え	お	1
2	か	き	く	け	こ	か	き	く	け	こ	2
3	さ	し	す	せ	そ	さ	し	す	せ	そ	3
4	た	ち	つ	て	と	た	ち	つ	て	と	4
5	な	に	ぬ	ね	の	な	に	ぬ	ね	の	5
6	は	ひ	ふ	へ	ほ	は	ひ	ふ	へ	ほ	6
7	ま	み	む	め	も	ま	み	む	め	も	7
8	や	い	ゆ	え	よ	や	い	ゆ	え	よ	8
9	ら	り	る	れ	ろ	ら	り	る	れ	ろ	9
0	わ	ゐ	を	ゑ	ん	わ	ゐ	を	ゑ	ん	0

いろはにほへと
ちりぬるを
わかよたれそ
つねならむ
うゐのおくやま
けふこえて
あさきゆめみし
ゑひもせす

いろはにほへと
ちりぬるを
わかよたれそ
つねならむ
うゐのおくやま
けふこえて
あさきゆめみし
ゑひもせす

いろはにほへと
ちりぬるを
わかよたれそ
つねならむ
うゐのおくやま
けふこえて
あさきゆめみし
ゑひもせす

いろはにほへと
ちりぬるを
わかよたれそ
つねならむ
うゐのおくやま
けふこえて
あさきゆめみし
ゑひもせす

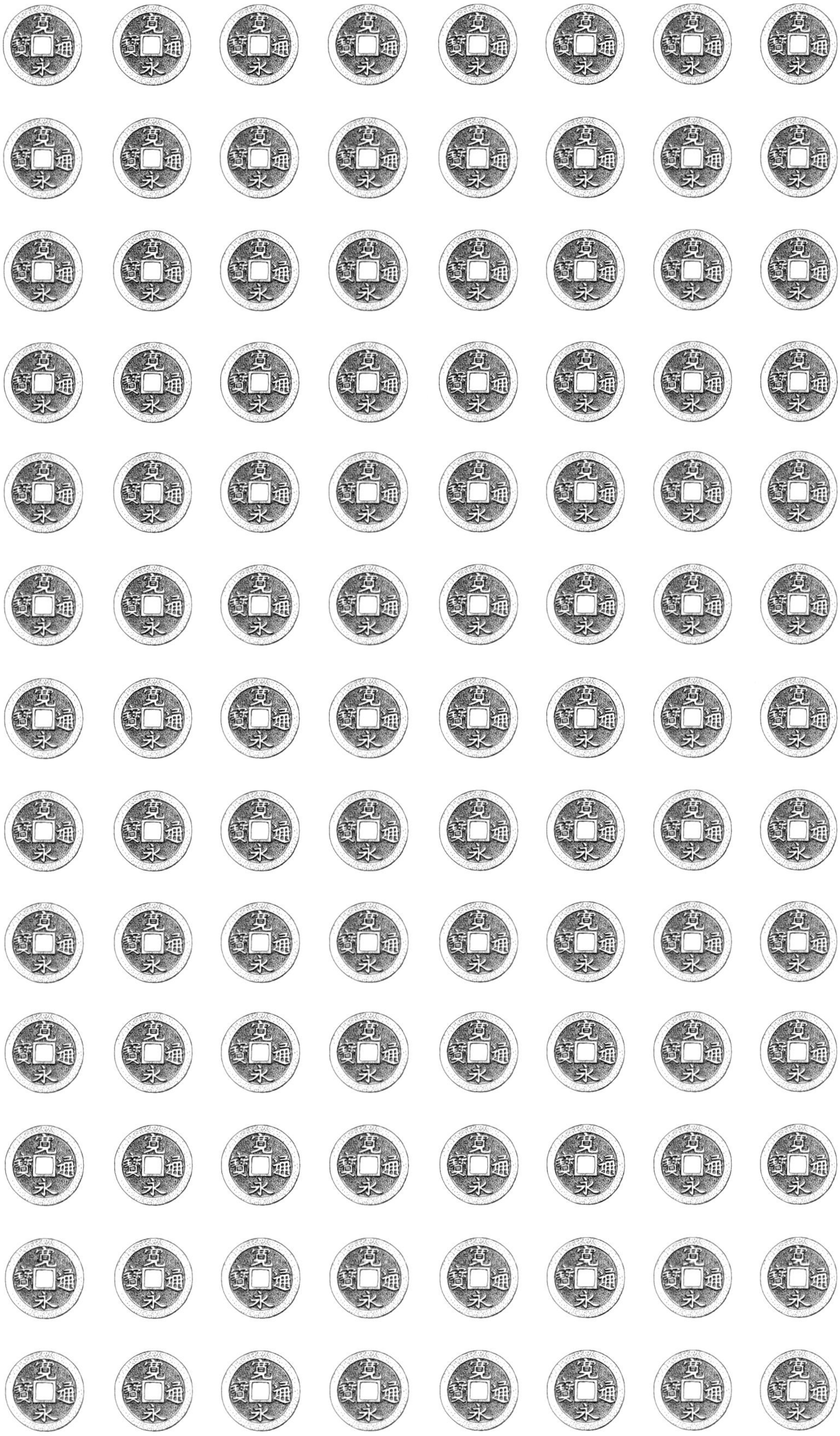

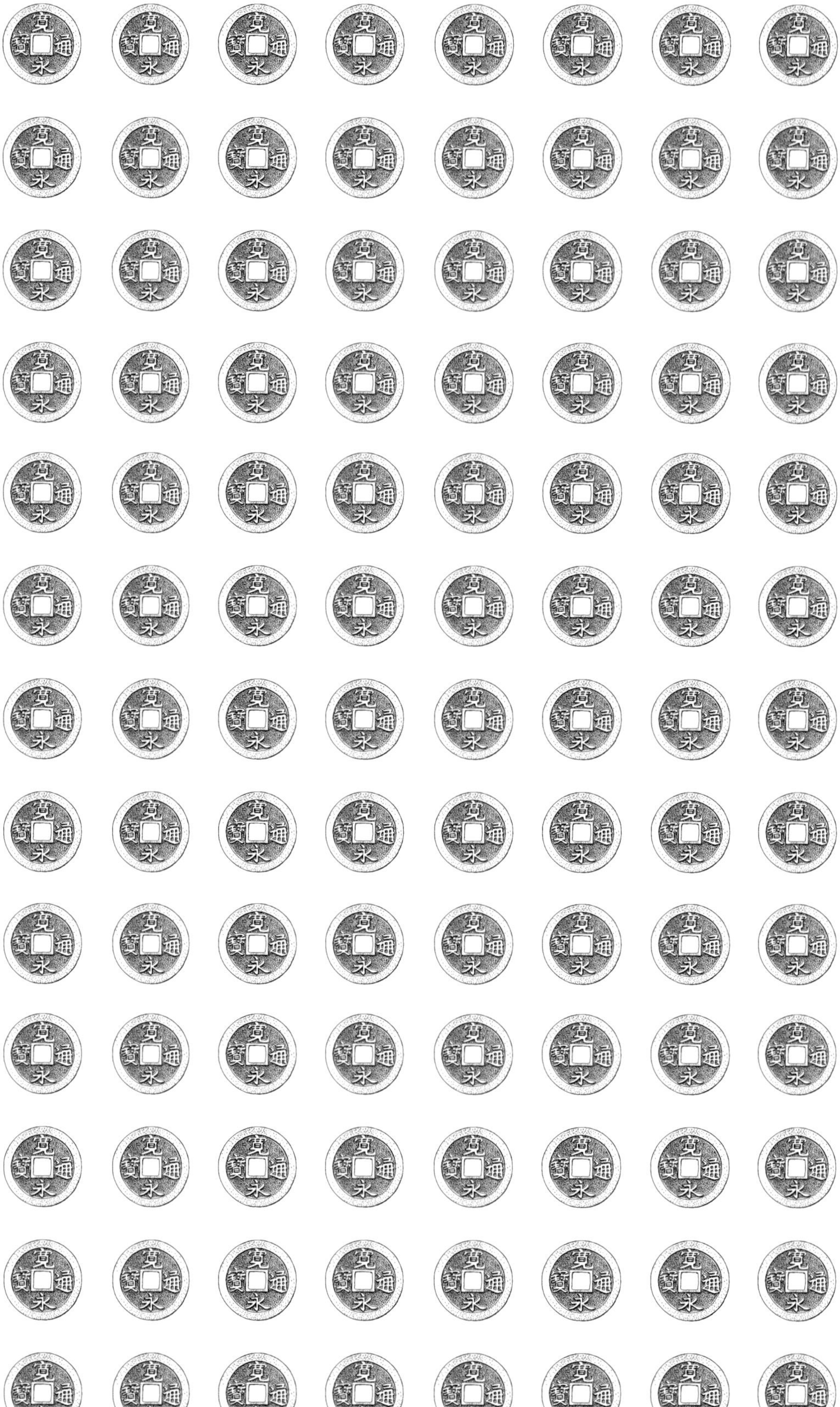
寛永通寶

いいえ　　はい

わ	ら	や	ま	は	な	た	さ	か	あ
ゐ	り	い	み	ひ	に	ち	し	き	い
を	る	ゆ	む	ふ	ぬ	つ	す	く	う
ゑ	れ	え	め	へ	ね	て	せ	け	え
ん	ろ	よ	も	ほ	の	と	そ	こ	お
9	8	7	6	5	4	3	2	1	0